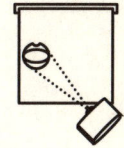

CREATIVE BUSINESS SOLUTIONS:

PERSUASIVE PRESENTATIONS: How to get the response you need

by Nick Souter

Copyright ⓒ The Ilex Press Limited 2007

This translation of Creative Business Solutions: Persuasive Presentations originally published in English in 2007 is published by arrangement with THE ILEX PRESS Limited.

All rights reserved.

This Korean edition was published by designhouse in 2009 by arrangement with The Ivy Publishing Group through KCC(Korea Copyright Center Inc.), Seoul.

이 책의 한국어 판 저작권은 (주)한국저작권센터(KCC)를 통한 저작권자와의 독점계약으로 디자인하우스에 있습니다. 저작권법에 의해 한국 내에서 보호를 받는 저작물이므로 무단전재와 복제를 금합니다.

(주)디자인하우스는 김영철 변호사·변리사(법무법인 케이씨엘)의 법률자문을 받고 있습니다.

이 도서의 국립중앙도서관 출판시도서목록(CIP)은
e-CIP 홈페이지(http://www.nl.go.kr/ecip)에서 이용하실 수
있습니다.(CIP제어번호: CIP2009002226)

CEO의
프레젠테이션엔
뭔가 비밀이 있다

닉 사우터 Nick Souter 신금옥 옮김

design **house**

차례

책 활용법

프레젠테이션은 비즈니스에 몸담고 있는 사람들에게는 매우 일상적인 활동이다. 우리는 크고 작은 포럼에 참여하면서 정보를 주고받고 아이디어를 파는 동시에 중요한 의사결정의 토대를 마련한다. 디지털 커뮤니케이션이 활성화되고 있다고는 하나 우리는 아직도 얼굴을 마주하는 대화에 점점 더 많은 시간을 할애하고 있다.

미국의 연구 결과에 따르면 신입사원의 경우 회의실에서 보내는 시간이 근무 시간의 약 25퍼센트를 차지한다. 중간 관리자로 올라가면 이 수치는 두 배로 늘어난다. 중역까지 오른다면 근무 시간의 약 75퍼센트를 직접 프레젠테이션을 진행하거나 참관하는 데 쏟아 붓게 된다.

그런 점에서 프레젠테이션은 곧 비즈니스라고 할 수 있다. 높은 지위에 오르려면 호소력 있으면서도 분명하고 설득력 있는 프레젠테이션 능력을 길러야 한다.

회사에서는 실적보다 그 실적을 얼마나 잘 설명할 수 있느냐로 당신의 능력이나 가치를 평가할 때가 많다. 당신이 다른 사람들에게 기대하는 것도 마찬가지일 것이다.

하지만 안타깝게도 사람들은 대부분 앞에 나서서 말하는 것을 좋아하지 않는다. 리서치 결과가 사실이라면 사람들이 가장 두려워하는 것은 대중 앞에서 말하는 것이다. 이는 심지어 죽음이나 가난보다도 더 두려워하는 것이기도 하다. (코미디언 제리 사인펠트Jerry Seinfeld가 미국인들은 장례식에서 추도사를 요청받는 것을 죽기보다 싫어한다고 하지 않았던가!)

이러한 긴장감 때문에 사람들은 대중 앞에서 말하는 것이 타고난 재능이라고 생각한다. 그러나 당신은 그런 재능을 지니고 있을 수도 있고 그렇지 않을 수도 있다. 너무 걱정할 필요는 없다. 설득력은 충분히 학습 가능한 능력이기 때문이다. 이 책을 읽고 나면 당신은 설득력 있는 프레젠테이션을 계획하고 준비하는 것은 물론 이를 다른 사람에게 전달할 수 있게 될 것이다. 연습을 통해 청중이 당신의 주장과 제안을 이해하고 동의하도록 설득할 수 있다.

비결은 바로 계획과 준비에 있다.
사전에 계획한 것 이상으로 프레젠테이션을 잘해내는 경우는 매우 드물다.

프레젠테이션 할 때 할 말을 정하는 한편, 청중에게서 어떤 반응을 효과적으로 이끌어낼지 생각해야 한다. 이처럼 발표자가 발표 자료를 완전히 숙지해야 프레젠테이션이 설득력을 갖는다.

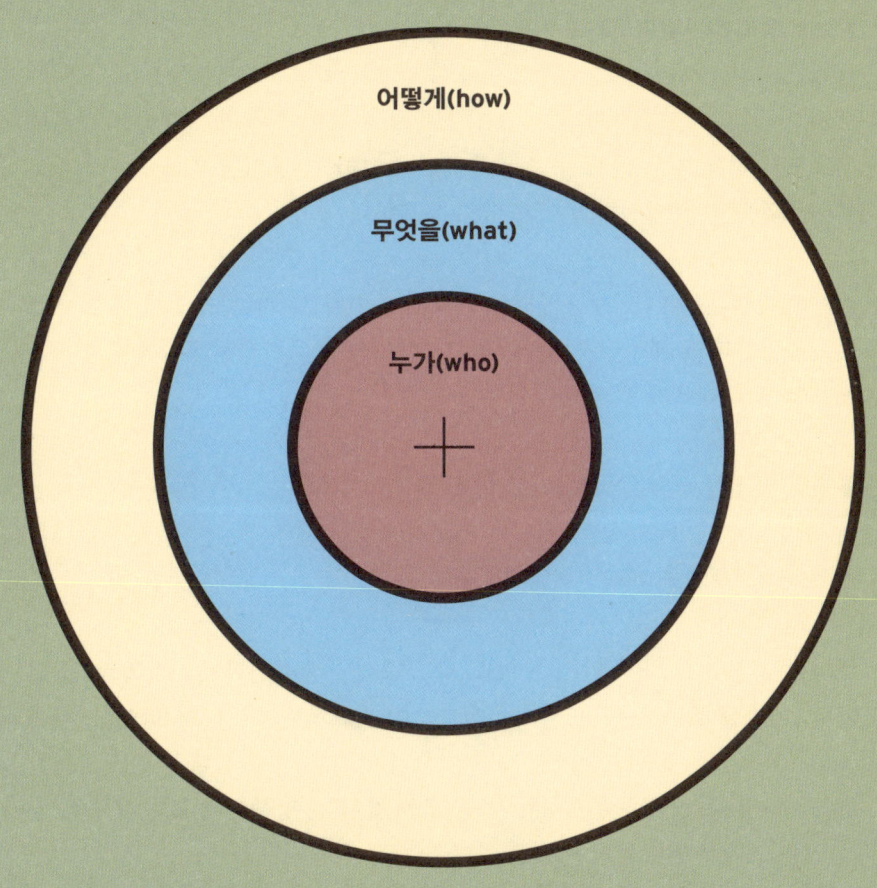

어떻게(how)

무엇을(what)

누가(who)

계획 모델

이 책은 프레젠테이션을 잘하기 위한 학습 구조를 충실하게 밝히고 있다. 이 구조는 고대 그리스 학파에서 아리스토텔레스가 '수사학의 5원칙'을 제창한 BC 3세기로 거슬러 올라간다. 그는 제자들에게 **구조란 설득력 있는 토론을 가능하게 해주는 발판이라고 가르쳤다.**

우리의 생각과 신념을 지탱해 주고, 청중으로 하여금 우리가 원하는 결론에 이르도록 하는 것은 바로 구조를 통해서다. 2천 년이 지난 지금도 아리스토텔레스의 원칙은 여전히 의미가 있고 유효하다.

앞쪽의 그림은 우리가 사용하려는 계획의 틀이다. 우리는 이 틀을 통해 최초 준비에서부터 구체적인 계획, 그리고 설득력 있는 프레젠테이션에 이르는 전체 과정을 배우게 될 것이다.

우리가 공부할 영역은 세 가지로 나눌 수 있다.

'누가(Who)', '무엇을(What)', '어떻게(How)'

당신이 혼잣말을 하지 않는 한 비즈니스 프레젠테이션에서는 일반적인 일이다. 대화를 할 때는 반드시 두 명 이상이 필요하다. 첫 번째 영역인 '누가 (Who)'에서는 발표자가 이야기하는 메시지가 청중에게 제대로 전달되도록 발표자와 청중 쌍방을 분석하는 법을 배울 것이다. 청중이 발표자의 말을 항상 있는 그대로 받아들이는 것은 아니기 때문이다.
또 '의견 일치'라 불리는 의사소통 모델에 대해 다룰 것이다. 이를 통해 우리는 우리가 전달하려는 메시지가 청중의 생각이나 편견에 따라 자주 왜곡된다는 것을 알 수 있다. 그래서 HBDI(Herrmann Brain Dominance Instrument, 인간의 사고 유형을 측정하는 도구 – 옮긴이)를 이용해 청중의 의사소통 유형에 맞는 스타일, 언어, 내용을 적용함으로써 전하고자 하는 메시지가 있는 그대로 전달되도록 할 것이다.

청중의 사고방식에 맞춰 명확하게 의사소통하는 법을 이해했다면 이제 '무엇을(What)'이라는 단계로 넘어간다. 이 장에서는 우리가 무슨 말을 하려는지, 말하는 목적이 무엇인지에 대해 설명한다.

목적을 명확하게 정의하지 않은 프레젠테이션은 실패하기 마련이다. 우리는 내용을 판단하는 기준을 세우기 위해 프레젠테이션의 목적을 정의하고 다듬는 법을 살펴볼 것이다.

일단 목적을 세우고 나면 정보를 수집하고 선택하는 방법을 여러 가지로 생각할 수 있다. 무엇을 사용하고 무엇을 버릴 것인가? 이때 아리스토텔레스의 도식에 따라 프레젠테이션 목적과 관련 정보를 설득력 있게 연결하는 구조를 활용할 수 있다.

마지막으로 '어떻게(How)'의 단계를 살펴볼 것이다. 여기서는 언어적인 의사소통과 비언어적인 의사소통을 어떻게 조절할지, 어떻게 말할지, 어떤 자세로 서 있고 어떻게 움직일지, 메시지를 제대로 전달하기 위해 시각적 도구는 어떻게 활용할지, 긴장감을 어떻게 조절할지 등이 다루어진다.

'어떻게(How)'의 단계에서는 프레젠테이션을 할 때 발생할 수 있는 모든 실질적인 문제들을 다룬다. 여기에서 말하는 방법대로 하면 정성껏 준비하고 정리한 주장을 청중에게 효율적으로 주장할 수 있을 뿐만 아니라 청중으로부터 생동감 있고 열정적인 반응을 이끌어낼 수 있다.

'누가(Who)'와 '무엇을(What)'에서 해결책을 제시하고 '어떻게(How)'에서 실행에 옮기도록 해준다.

계획 모델은 동심원에 비유할 수 있다. '누가', '무엇을', '어떻게'라는 세 요소는 분리할 수 없을 만큼 매우 긴밀히 연관되기 때문이다.

이 책을 여기저기 들춰보며 도움이 되는 조언이나 힌트를 얻을 수도 있겠지만 프레젠테이션을 계획할 때는 책에서 말하는 과정의 모든 단계를 차근차근 따라야 한다. 아리스토텔레스의 구조를 다루고 있는 이 책은 당신의 주장을 뒷받침하고 전달하는 데 유용한 도움이 될 것이다. 이중에 하나라도 빠질 경우 프레젠테이션은 금세 힘을 잃고 만다.

혹 일부 단계를 생략함으로써 시간을 줄이고 싶은가. 여기서는 그럴 필요가 없다. **대부분의 사람들이 계획 모델을 통해 프레젠테이션 시간을 절반까지 줄인다는 사실이 밝혀졌기 때문이다.**

계획 모델을 활용하면 생각을 전달하는 면에서 뿐만 아니라 수집, 선별하고 조직하는 일도 보다 효율적으로 할 수 있다.

자, 그럼 지금부터 과정을 시작해 보자.

먼저 두 가지 질문을 던지겠다.

나는
누구인가?

청취자는
누구인가?

Who:
누가 말하고 누가 듣는가?

의사소통

대화를 하는 동안 상대방이 당신 말을 제대로 듣고 있지 않는 것 같아 기분이 언짢았던 적이 있는가? 그럴 때는 상대방이 나와 같은 언어를 사용하고 같은 주제에 관심을 보이고 있기는 하지만 내 말이 상대방에게 '먹히지' 않은 것이다.

이런 상황에서는 의사소통이 되지 않으므로 상대방을 설득하는 일이 불가능하다.

그렇다면 우리가 말하는 의사소통이란 정확히 무엇인가?

콜린스(Collins) 영어사전은 다음과 같이 정의하고 있다.
"생각, 느낌, 또는 아이디어를 나누는 것."

직장이라는 환경에서는 다음과 같이 표현하는 것이 더 적합할 듯하다.
"정보 교환(사실을 주고받는 것)**, 동의해 주거나 동의를 얻는 것, 호의를 이끌어내는
것**(신뢰를 구축하거나 교환하는 것)**."**

아리스토텔레스는 이렇게 표현했다.
"어떤 사람이 다른 사람에게 무엇인가를 말하고 영향을 끼치는 것."

이 개념들이 공통적으로 말해 주는 사실은 '의사소통은 양방향 프로세스'라
는 것이다. 의사소통에는 상호 교류가 일어나야 한다. 의사소통은 단순히 말
로만 이루어지는 것이 아니다. 행동과 감정과 관계하며, 의미를 제대로 전달
하는 기술과 그 진짜 의미에 대한 이해가 필요하다.
그렇다면 상대방이 당신의 말을 듣고 있긴 하지만 실제로는 당신의 말에 귀
기울이고 있지 않다는 것은 무엇을 의미하는가? 말 그대로, 당신의 말을 못
알아듣는 것일 수도 있다. 하지만 만일 그들은 당신의 말을 완벽하게 알아듣
고 있는데 오히려 당신 쪽에서 당신이 말하고자 하는 바를 명확하게 전달하
지 못한다면?

다음 페이지의 그림은 빅 맥(Big Mac)을 위한 청사진처럼 보이지만 사실은 우
리가 **'의견 일치' 의사소통 모델**이라고 부르는 것이다.

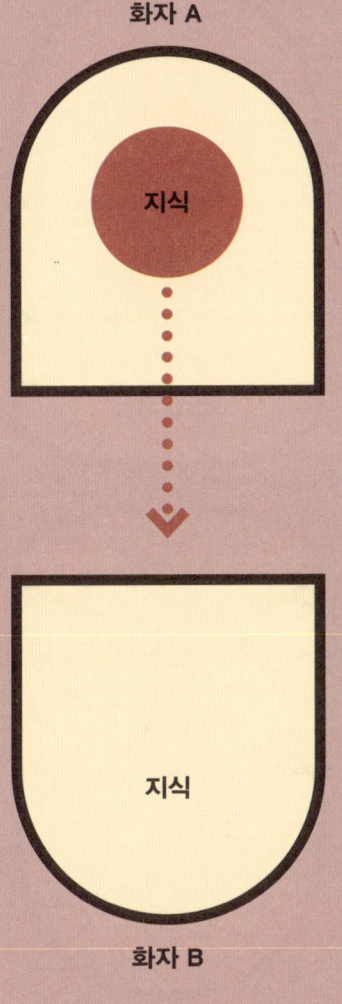

화자 A

지식

화자 B

어떤 대화에서든 화자가 최소한 두 명
은 된다. 두 화자를 A와 B라고 하자.
이 그림에 나타나듯이 각 화자는 자신
만의 지식(사실, 아이디어, 정보, 신념 등) 창고
가 있다.

이번 실습의 목적은 화자 A가 화자 B
의 마음속에 자신의 메시지를 각인시
키는 것이다. 이 과정에서 나중에 화
자 B가 반응을 할 것이다.

효과적인 의사소통을 위해서는 오해
가 생기지 않도록 화자 B는 화자 A가
의도한 그대로 메시지를 받아들여야
한다.

그런데 이 과정에는 장애물이 있다.
다음 페이지 첫 번째 그림을 보면 화
자 A와 B는 각자 개인적인 인생 경험
(서로 다른 성장 환경, 철학, 생각)이 다르다는
것을 알 수 있다. 이러한 경험들은 한
개인이 세상을 바라보고, 지식이나 정
보를 이해하고 받아들이는 데 필터 역
할을 하는 렌즈가 된다.

'의견 일치' 의사소통 모델

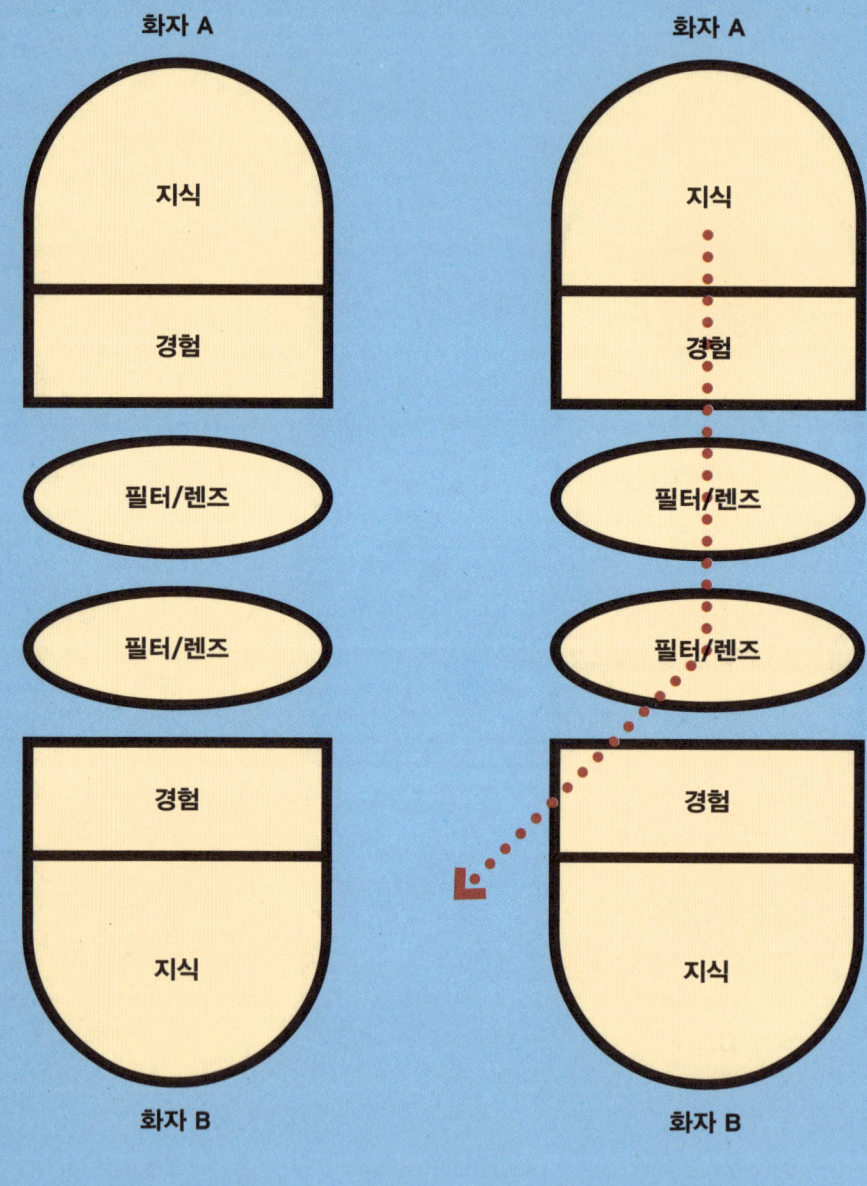

화자 A   화자 A

지식   지식

경험   경험

필터/렌즈   필터/렌즈

필터/렌즈   필터/렌즈

경험   경험

지식   지식

화자 B   화자 B

렌즈를 통해 보기   의사소통 왜곡

렌즈에 관한 재미있는 사실은 우리가 렌즈를 끼고 있다는 사실을 까맣게 잊고 있다는 것이다. 우리는 각자 렌즈를 끼고 있다는 것을 전혀 의식하지 못한 채 렌즈를 통해 세상을 본다. 이는 안경과 마찬가지다. 우리는 안경을 쓰고도 곧잘 그 사실을 잊어버리지 않던가? 그러면서 안경을 통해 우리가 기대한 방식대로 세상을 본다.

우리 각자의 삶의 경험과 아이디어가 우리가 보고 듣는 것을 걸러내고 왜곡하는 것이다. 아나이스 닌(Anaïs Nin)은 이런 말을 했다.

"우리는 세상을 있는 그대로 보는 것이 아니라 자기 식대로 본다."

두 사람이 물병을 보고 있다고 하자. 그런데 한 사람은 목이 말라 죽어가고, 한 사람은 물에 빠졌다가 방금 살아나왔다면? 두 사람이 물병을 바라보는 시각은 완전히 다를 수 있다.

편견은 우리의 렌즈가 어떻게 현실을 왜곡하는지 잘 보여 주는 예다.

신발을 한 켤레 사고 싶다고 가정해 보자. 그동안의 경험에 미루어볼 때 나는 영업 사원들은 믿을 만한 사람들이 아니란 것을 안다. 나는 그들이 나보다 자기 이익을 더 챙긴다고 믿는다. (이런 믿음은 지금 신발을 사는 일과는 아무런 관계가 없지만 전에 자동차 영업 사원의 청산유수 같은 감언이설에 넘어가 분수에 넘치는 차를 샀던 기억 때문에 지금은 모든 영업 사원들을 믿지 못하는 것이리라.)

신발 가게에 가자 점원은 내가 사려고 생각했던 것보다 비싼 신발을 권했다. 그 신발은 최고급 가죽으로 만든 수제품으로, 방수, 내유(耐油), 마모 방지 처리가 되어 있고 5년간 무상 보증도 해준다고 했다. 자회사만의 혁신적인 기법으로 밑창을 손상 없이 구부릴 수 있는 무척 편안한 제품이라는 설명도 잊지 않았다. 그래서 한번 신어 보니 영업 사원은 신발이 참 예쁜 데다 나에게 아주 잘 어울린다고 말했다.

이때 가게 점원의 의사소통 방식은 앞 페이지의 두 번째 그림과 같다. 그는 화자 A고 나는 청자이자 화자 B다.
점원의 말은 내 마음에 전혀 와 닿지 않는다. 그가 하는 말은 모두 그의 경험과 신념에 부합하는 것으로 아무런 왜곡 없이 그의 필터와 렌즈를 통과한다. (하지만 점원은 자신이 지금 렌즈를 끼고 있다는 사실 자체를 잊고 있으므로 그러한 사실을 인식하지 못한다.)

당연히 그의 메시지는 내가 낀 렌즈와 충돌한다. 나의 렌즈(필터)는 나의 내면에 이렇게 속삭인다.
"점원을 믿지 마. 저 사람들은 네 돈만 바랄 뿐이야."
점원이 이렇게 말했다. "이 신발이 고객님에게 제일 잘 어울리네요." 이 말은 나의 필터를 지나면서 다음과 같이 왜곡되어 들린다. "이 신발이 제일 비싼 거예요. 이걸 팔면 제가 최고 커미션을 받는답니다."
'이 신발은 5년 동안 보증해 드립니다'는 점원의 말은 나에겐 이렇게 들린다. "이 신발이 제일 비싼 거예요. 이걸 팔면 제가 최고 커미션을 받는답니다."
점원이 또 말했다. "이 신발은 최고급 가죽으로 만든 수제화예요." 그러나 나에게는 역시 이렇게밖에 안 들린다. "이 신발이 제일 비싼 거예요. 이걸 팔면 제가 최고 커미션을 받는답니다."

이런 식으로 잘못된 의사소통이 계속된다.

나는 점원이 하는 말에 동의하듯 고개를 끄덕일 수도 있겠지만 속으로는 점원이 하는 말을 완전히 다른 의미로 받아들인다.

물론 내가 대답할 때도 이와 똑같이 잘못된 의사소통이 일어날 수 있다. 점원은 그동안의 경험상 시간만 끌고 물건은 사지 않는 사람들에게 이골이 났을 것이다. 나의 차림새가 그 신발을 살 만한 형편이 안 돼 보인다고 가정해 보자.

"생각 좀 해봐야겠는데요." 지극히 합리적인 나의 이 말을 점원은 자신의 필터나 렌즈를 거치면서 다음과 같이 받아들인다. '이 사람은 신발 살 생각이 없군.'

"다른 거 한번 신어 볼게요." 나의 이 말에도 그는 이렇게만 생각할 뿐이다. '이 사람은 신발 살 생각이 없군.'

이런 식으로 잘못된 의사소통이 계속된다.

성공적인 의사소통을 위해서는, 특히 의사소통을 통해 상대방을 설득하고 변화시키고자 한다면 다른 사람의 현실 렌즈와 필터를 인식해야 한다. 그래야 우리가 하는 말이 변질되거나 왜곡되지 않도록 상대방에 맞춰 프레젠테이션을 준비할 수 있다.

그렇게 할 수 있을 때 우리는 다음 페이지에 나오는 그림대로 의사소통을 할 수 있다. 그러면 우리가 하는 말이 왜곡 없이 그대로 상대방의 마음에 전달된다. 다시 말해, 상대방이 당신을 믿고 '마음을 열어 설득당할' 여지가 생기는 것이다.

만약 앞서 언급한 그 신발가게 점원이 나의 편견이나 현실 렌즈를 파악했더라면 그것을 잘 활용해 좋은 성과를 거둘 수도 있었을 것이다. 즉 그는 처음부터 좀 저렴한 신발을 보여 주면서 나와 좋은 관계, 명확한 의사소통 라인

화자 A

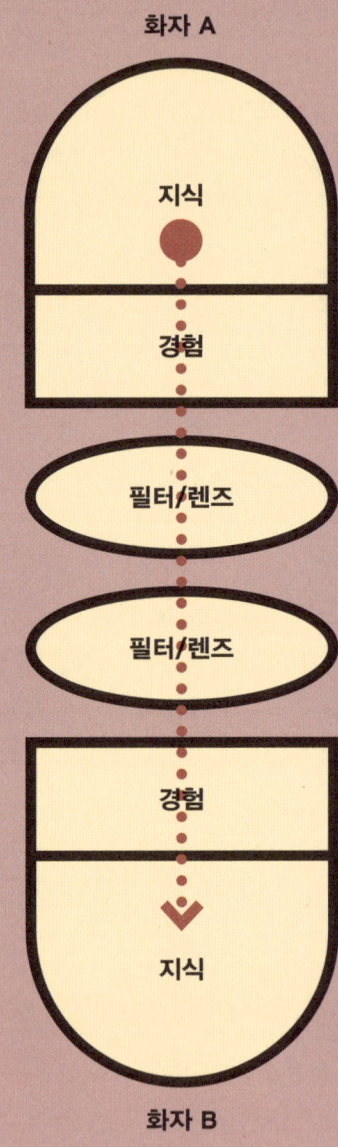

지식

경험

필터/렌즈

필터/렌즈

경험

지식

화자 B

직접적인 의사소통

을 형성한다. 그런 다음 좀 더 비싼 신발을 권했다면 나에게 신뢰를 얻을 수 있었을 것이다.

이것이 바로 훌륭한 영업 사원이 매장이나 회의실에서 사용하는 의사소통 방식이다.

광고업계의 격언에 이런 말이 있다. "훌륭한 영업 사원은 팔지 않는다. 다만 고객이 사게 만들 뿐." 이 훌륭한 영업 사원은 당신의 필터와 편견을 통과하는 법을 아는 것이다.

수많은 청중을 대상으로 이야기를 할 때는 상황이 더 복잡해진다. 메시지를 왜곡하는 렌즈가 그만큼 다양하기 때문이다. 이때 적절한 태도와 언어를 선택하려면 반드시 청중을 이해해야 한다는 전제조건이 따른다.

고대 그리스인들은 이 문제를 잘 인식하고 있었다. 아리스토텔레스 시대 사람들은 청중의 성격을 서로 교차하는 두 그룹으로 구분했다. 한 축은 쾌활과 우울로(오늘날에는 '낙천적'과 '비관적'으로 표현됨), 다른 한 축은 노여움과 냉담(오늘날에는 '성마른'과 '침착한'으로 표현됨)으로 나누었다.

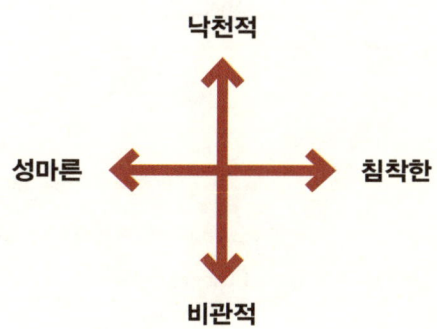

아리스토텔레스의 제자들은 청중이 이 양 축의 어디에 자리하는지에 따라 그에 맞는 프레젠테이션 방법과 방향을 결정했다.

이런 성격 분석의 과학은 최근 들어 눈부시게 발전했다. 1923년에 심리학자 칼 융(Carl Jung)은 인격을 내향성과 외향성 두 가지 유형으로 구분했다. 전자는 내면 세계에, 후자는 외부 세계에 더 치중하는 경향이 있다.
융의 이론은 마이어스(Myers)와 브릭스(Briggs)에 이르러 더욱 발전했다. 두 사람은 판단형과 인식형이라는 또 다른 축을 도입했다. 판단형은 질서와 확실성을 통해 통제하려는 경향이 있는 반면 인식형은 좀 더 개방적이면서도 삶을 있는 그대로 수용하는 경향을 보인다.

이 두 가지가 합쳐져 MBTI(Myers Briggs Type Indicator, 마이어브릭스 유형 지표)가 만들어 졌다. 이는 대기업 인사부에서 보편적으로 쓰이고 있는 검사로 다국적 기업에 지원한 적이 있다면 이런 성격 유형 검사를 받아 본 경험이 있을 것이다.
우리는 각기 자신을 본질적으로 독특하고 흥미로운 존재로 생각하고, 이에 따라 특정 그룹이나 '유형'으로 나뉘게 된다. MBTI 검사를 받아 본 사람들은 대부분 그 결과에 깜짝 놀란다. 검사 결과가 자신이 좋아하는 것과 싫어하는 것, 그리고 어떤 상황에서 어떻게 반응하고 행동할지를 정확히 맞추기 때문이다. 그래서 MBTI는 어떤 사람이 어떤 일에 적합한지, 그 팀에 잘 적응할지 여부를 판단할 때 아주 유용한 도구로 이용된다.

MBTI 외에도 여러 가지 성격 검사 도구들이 있다. 최근 몇 년 사이 DISC(주 도형Dominance, 사교형inducement, 안정형submission, 신중형Compliance의 네 가지로 분류되는 성격 유형 검사)나 Personalysis(사고방식, 문제 해결 방식, 대인 관계 방식, 스트레스 대처 방식을 분석해 컬러 그래프 형태로 보여 주는 성격 유형 검사), Emergenetics(네 가지 성격 특성 – 분석적, 구조적,

사교적, 관념적 – 과 세 가지 행동 특성 – 표현이 풍부한, 자기주장이 강한, 유연한 – 을 이용해 컬러 차트 형태로 결과를 보여 주는 성격 유형 검사) 등 성격 유형별 행동과 태도를 이해할 수 있는 도구들이 발명되었다.

우리의 목적을 위해서는, 다시 말해 청중을 이해시키려면 단순하고 직관적인 것이 필요하다. 그러한 용도로 우리는 HBDI를 사용한다.
그러나 청중을 이해하는 것이 전부는 아니다. 앞서 말했듯이 의사소통은 양방향 프로세스다. 양측은 모두 각각 선호하는 정보 교환 방식이 있다.

청중은 물론 자기 자신도 이해해야 한다. 그 점에서 HBDI는 아주 유용하다.

청중과 당신 자신 이해하기

네드 헤르만(Ned Herrmann)은 미국 제너럴 일렉트릭(General Electric, GE)사에서 35년 동안 근무했고, 1970년대에 경영 교육 프로그램 기획과 강의 업무를 담당했다.
이 일을 하면서 그는 '전뇌(Whole Brain)'라는 개념을 개발했다. 그가 만든 모형은 컬러로 구분된 사분면 도형으로 성격 유형별 선호도와 적성 사이의 관계를 아주 명쾌하고 단순하게 나타낸다.

네드 헤르만의 생각을 제대로 이해하려면 그 이론의 발전 배경을 간략히 살펴봐야 한다. 1950년대에 캘리포니아 공대(California Institute of Technology)의 정신 생물학 교수 로저 스페리(Roger Sperry) 박사는 한 연구에 착수해 30년 뒤 그 연구로 노벨상을 수상했다.

스페리 박사와 연구팀은 점차 좌뇌와 우뇌의 기능이 상이하다는 점을 이해하기 시작했다. 사실 이 차이점은 고대 그리스 시대부터 이미 명백히 밝혀진 바다. 당시 머리 왼쪽에 손상을 입은 병사들은 그에 따른 증상이 몸 오른쪽에 나타나고, 머리 오른쪽에 손상을 입은 경우 몸 왼쪽에 증상이 나타났기 때문이다.

그 후 병리학자들이 뇌는 두 개의 반구로 구성되고 뇌량(腦樑)이라는 인대로 연결된다는 사실을 밝혀냈다. 스페리 박사가 일련의 실험에 착수하기 전까지는 두 뇌의 활동에 대해 거의 밝혀진 바가 없었다. 스페리 박사는 처음에는 고양이와 원숭이, 나중에는 사람을 대상으로 실험을 실시했다. 실험 대상자는 난치병인 간질을 억제하기 위해 뇌 분할 수술을 받은 환자들이었다. 스페리 박사는 이 환자들을 통해 두 반구에 각각 의식이 존재한다는 것을 증명했다.
그의 '분할 뇌' 실험은 두 반구가 어떻게 다른지를 잘 보여 준다. 좌뇌는 매우 이성적이며 분석, 산수, 조직, 언어 기능을 담당한다. 우뇌도 이 중 일부 기능을 사용하지만 아주 초보적인 수준에 그친다. 예를 들어 우뇌 하나만 사용해서는 20 이상을 세지 못하고 말도 거의 못한다. 그러나 한편으로 우뇌도 아주 뛰어난 고유 기능이 있다. 우뇌는 시각화, 공간 개념, 미적 개념, 감정을 담당한다.

스페리 박사의 연구 결과를 통해 우리는 오른쪽 페이지의 그림처럼 뇌를 단순하게 이해할 수 있게 되었다. 이것을 더 단순화해 좌뇌는 분석적이고 체계적인 반면 우뇌는 예술적이고 감성적이라고 말한다. 창조적인 일을 흔히 우

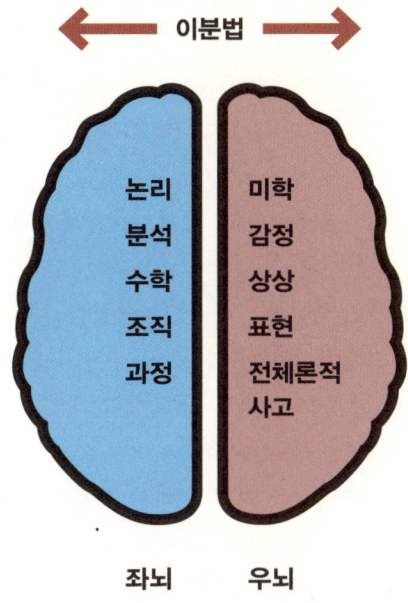

이분법

논리
분석
수학
조직
과정

미학
감정
상상
표현
전체론적
사고

좌뇌　　　우뇌

뇌 활동이라 부르는 것은 바로 이때문이다.

스페리 박사의 실험에서 드러난 또 하나의 위대한 발견은 이분법 개념이다. 무언가를 선택해야 할 때마다 우리는 자신의 선호도를 나타낸다.
빈 종이를 한 장 꺼내 평소 하던 대로 서명해 보라. 이번에는 반대쪽 손에 펜을 쥐고 다시 똑같이 서명해 보자. 평소 사용하지 않는 손으로 무엇을 한다는 것은 쉬운 일이 아닌 만큼 마치 어린아이가 아무렇게나 낙서를 해놓은 것처럼 보일 것이다. 서명 비슷하게는 그릴 수 있어도 은행 창구에서 써먹을 수준은 안 된다.

그런데 놀랍게도, 평소 사용하는 손을 한동안 전혀 쓰지 않으면 불과 몇 주 안에 반대쪽 손으로 글씨 쓰는 법을 완벽하게 터득할 수 있다. 양손 모두 똑같은 역량이 있지만 당신이 어느 한 손만을 선호해 자꾸 사용하다 보니 덜 사용하는 손은 무능하다고 생각하게 되어버린 것이다.

발도 마찬가지다. 우리는 저마다 공을 찰 때 선호하는 발이 있다. 축구 선수들이 두 발을 자유자재로 사용하는 것은 연습을 통해 기술을 익혔기 때문이다. 그리고 그것이 가능한 것은 둘 다 사용해야 한다는 필요성이 원초적인 선호도보다 우세하게 작용했기 때문이다.

눈은 이런 행동의 아주 미세한 예를 보여 준다. 우리는 사물을 양쪽 눈으로 보기 때문에 대부분은 한쪽 눈을 더 선호해서 사용한다는 것을 지각하지 못한다.

왼쪽 페이지의 그림을 보고 손가락으로 똑같은 모양을 만들어 보라. 그대로 팔을 쭉 뻗고 두 눈을 뜬 채로 손가락으로 만든 삼각형 틀 안에 약 5미터 거리에 있는 물체가 들어가도록 맞춘다.

그리고 한쪽 눈을 감는다. 그 물체가 보이는가? 이번에는 반대쪽 눈을 감아 보라. 아직도 그 물체가 보이는가?

물체가 온전히 보이는 쪽이 당신이 선호하는 눈이다. 그 눈이 반대쪽 눈보다 더 잘 보이는 것도 아닌데 그동안 당신은 그 한쪽 눈을 더 많이 사용해온 것이다.

이것은 두 반구로 이루어진 뇌도 마찬가지다. 양쪽 뇌의 능력은 사실 똑같다. 하지만 우리는 어느 한쪽 뇌를 더 자주 사용한다. 나중에 설명하겠지만 이런 사실은 우리가 정보를 주고받는 방식에까지 영향을 미치는 중요한 점을 시사한다.

스페리 박사가 위에 언급한 실험을 진행하는 동안 또 다른 유명한 뇌 연구자는 뇌가 어떻게 기능하는지에 대해 완전히 다른 그림을 그렸다.

1971년~1985년에 폴 매클린(Paul D. MacLean) 박사는 메릴랜드에 있는 뇌 진화 및 행동 연구소 소장을 지냈다. 이때 그는 삼위일체 모델을 통해 뇌는 하나가 아닌 세 개이며, '각자 고유의 특별한 지능이 있고 서로 연결된 생물학적 컴퓨터'라고 주장했다.

뇌는 물리적으로 좌, 우가 아니라 앞, 뒤로 배열된다.

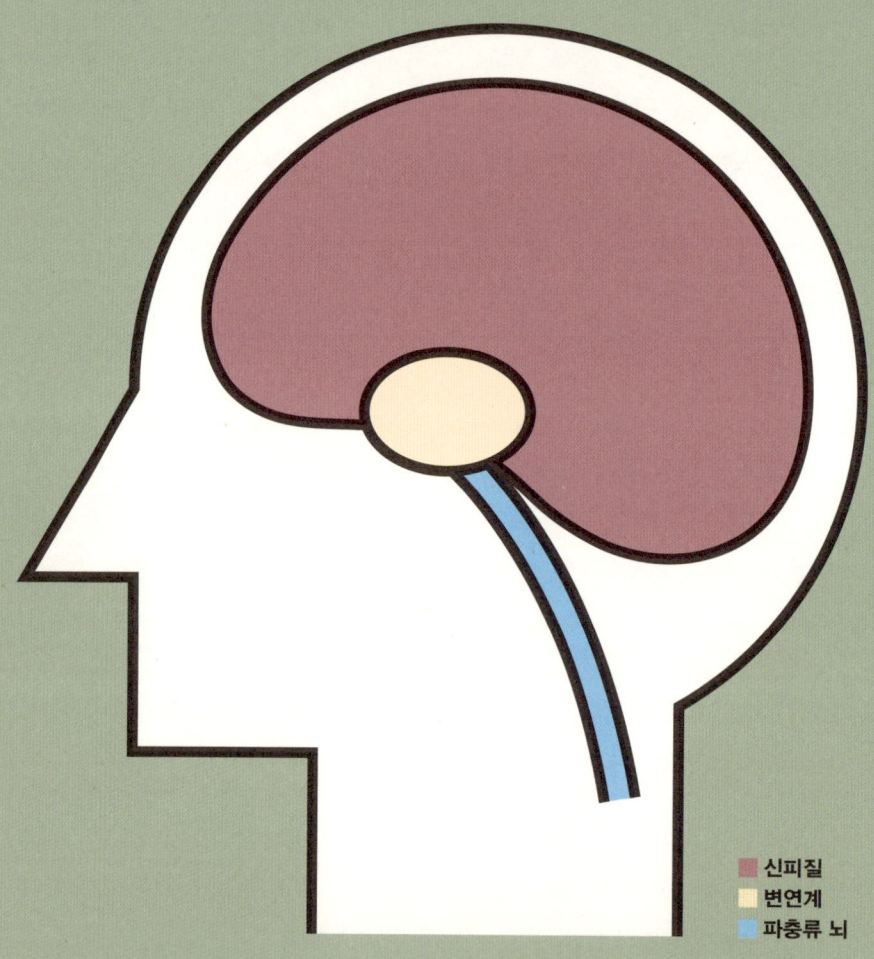

신피질
변연계
파충류 뇌

매클린 뇌

각각의 뇌는 주요 진화 단계에 따라 진화한다. 제일 먼저 약 2억 년 전에 파충류 뇌가 출현했다. 이 원시적인 뇌는 본질적으로 생존 뇌다. 본능적인 우리 몸의 물리적 또는 생물학적 기능을 통제하고 '싸울 것이냐 도망칠 것이냐'의 메커니즘을 통해 포식동물에게서 우리를 보호하는 역할을 한다.

약 1억 4천만 년 후, 집을 확장해 새로운 공간을 만들듯이 우리 뇌도 진화를 통해 확장된다. 이때 새로 생긴 보조 뇌는 포유류 뇌 혹은 변연계로, 조상이라고 할 수 있는 파충류 뇌의 주변과 앞에 자리한다.

변연계는 우리에게 감정을 주었고, 자손을 양육하고 조직을 구성하는 사회적 동물로 진화해가는 인류의 발전 과정에 중대한 영향을 미쳤다.

그 후, 불과 수백만 년 전에 우리 뇌는 다시 한 번 진화하여 신피질이라는 형태로 크게 확장되었다. 뇌 부피의 약 80퍼센트를 차지하는 이 새로운 공간, 신피질은 우리에게 생각할 공간을 주었다. 신피질은 지능과 지적인 능력을 관장한다. 그리고 인간의 언어와 음악을 발전시키고 사물의 의미를 해석하는 능력을 부여함으로써 다른 영장류 동물과 차별화했다. (변연계가 반응하기 전에 신피질이 먼저 경험을 해석해야 적절한 감정이 생긴다.)

매클린은 이런 농담을 했다. 정신과 의사가 환자에게 병원 침대에 누우라고 하는 것은 호랑이 동굴에서 팔다리를 뻗고 누워 있으라는 것이나 마찬가지라고!

의사소통의 필요성을 이해하고자 파충류 뇌를 버리고 변연계와 신피질로만 구성된 모델을 만들어 보자. 다음 그림을 보라. 앞 또는 위쪽은 신피질이고 뒤 또는 아래쪽은 변연계다.

네드 헤르만이 대단한 것은 스페리와 매클린이 만들어낸 다른 모형들을 살펴보고, 두 가지가 모두 옳다는 사실을 깨달았다는 점이다.

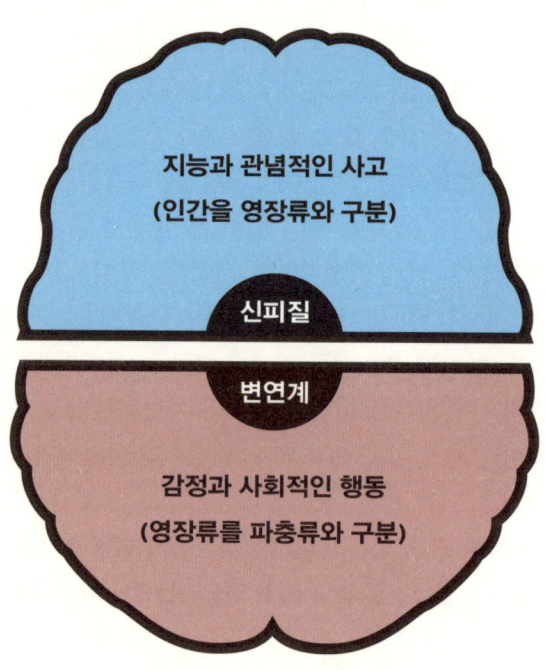

그는 두 이론을 완벽하게 통합하는 새로운 사분면 모형을 만들 수 있다는 것을 깨닫는 순간 감탄한 나머지 '유레카(Eureka)!'를 외쳤다.

헤르만 뇌

위 그림이 바로 그 모형이다. 이후 네드 헤르만은 서로 다른 사고 선호도를 시각화해 설명하고자 각각에 파랑, 초록, 빨강, 노랑의 네 가지 색깔을 부여했다. 이렇게 탄생한 사분면 모형은 사람들이 선호하는 의사소통 방식을 쉽게 이해할 수 있도록 하며 조금만 연습해도 쉽게 사용할 수 있다.

사분면을 순서대로 하나씩 살펴보자.

파랑 사분면

왼쪽 윗부분의 파랑 사분면은 좌뇌의 논리 시스템과 신피질의 지능이 조합된 것이다. 사고 선호도가 이 사분면에 있는 사람들은 '분석적 인간'에 가깝다. 이들을 어떻게 알아볼 수 있을까?

파랑 사분면 사람들은 프레젠테이션을 들을 때 감정적인 반응을 잘 보이지 않는다.

냉정하거나 심지어 초연해 보이기까지 한다. 상대방의 열정이나 신념에 의해 동요되는 것을 원치 않는다. 그들은 오직 사실만을 원한다.

파랑 사분면 사람들은 결론이 맨 앞에 나오고 정보가 간단명료하며 체계적인 사고를 좋아한다. 기술적인 정확성을 꼼꼼하게 따지고, 관련 자료와 도표를 철저하게 파고든다. 또한 당신이 한 말의 근거를 원한다. 그리고 조사 결과와 텍스트에 의지하고, 당신이 그 주제에 관한 한 확실한 전문가라는 느낌을 주길 원한다. 그들은 비판적인 분석과 건전한 토론을 즐긴다. 기회만 있으면 도전적인 질문을 던지지만 장황하게 이야기하지는 않는다. 시간은 곧 돈이라는 생각에 신중한 태도를 보이기 때문이다.

당신이 모호한 태도를 보이면 그들은 곧 손을 떼고 빠져나가기 시작할 것이다. 당신이 비논리적인 모습을 보이면 그들은 더 이상 당신의 이야기를 듣지 않을 것이다.

파랑 사분면 사람들의 장점은 조리 있고 명확하게 말한다는 것이다. 그들은 결과 지향적이고, 신중하게 생각하며, 시간을 낭비하지 않는다.

부정적인 면은 인간적인 면이 부족하다는 것이다. 그들은 딱딱하고 거만해 보인다. 그들에게 커피 한 잔의 여유나 휴가를 어떻게 보냈는지에 대한 잡담 같은 건 기대하지 말라. 업무 시간에는 그런 일에 관심조차 보이지 않을 것이다. 파랑 사분면 사람들을 직접 만나게 되면 그들의 책상을 한번 살펴보라. 아마 사진이나 기념물 같은 것은 찾아볼 수 없고, 보이는 것이라고는 오로지 도표, 그래프, 종이뿐일 것이다.

초록 사분면으로 넘어가기 전에 2분 정도만 시간을 내서 친구나 동료 중에 파랑 사분면으로 보이는 사람이 없는지 생각해 보고 다섯 명 정도를 선택해 목록을 만들어 보라. 해당 영역 유형들의 행동을 인식하는 능력을 개발할 필요가 있는 만큼 이러한 작업은 매우 중요한 의미가 있다.

파랑 사분면 5명

1. _____

2. _____

3. _____

4. _____

5. _____

딱 한 가지 색깔만 있는 사람은 없다는 사실을 아는 것도 중요하다. 사람들은 대개 모든 사분면의 선호도를 두루 갖추고 있지만 보통 한 가지 색깔이 그 사람을 대표할 만큼 큰 비중을 차지할 뿐이다.

초록 사분면

왼쪽 아랫부분의 초록 사분면은 좌뇌의 논리와 포유류 뇌의 감정, 느낌이 조합된 것이다. 여기에 해당하는 사람들은 사고 선호도가 '조직적인 인간'일 가능성이 크다.
이들을 어떻게 알아볼 수 있을까?
일단 그들은 신중하다.

진정한 초록 사분면 사람들은 절대 반사적으로 반응하지 않는다.

어떤 상황에서 어떤 입장을 취하거나 행동하기 전에 모든 면을 매우 신중하게 고려하려 한다.
과정과 시스템을 선호하는 그들은 프레젠테이션을 할 때 먼저 의제를 말한 후 차근차근 단계별로 정보를 전달하는 것을 좋아한다.
그리고 결코 위험한 일에는 뛰어들지 않는다. 초록 사분면 사람들은 안전을 가장 중요하게 생각한다. 그래서 일을 진행할 때는 정해진 절차와 각 단계별 책임자가 누구인지 명시하고, 명확하고 체계적인 실행 계획을 따른다. 그들은 돌발 상황을 피하기 위해 평소 모든 배경 지식을 습득한다. 그리고 당신의 제안이 경험에서 비롯된 것이라는 확신을 주기를 원한다.
'조직적 인간'은 모호함, 불확실한 지시, 불명확한 예상 결과를 싫어한다. 만약 그들에게 명확하지 않고 결과도 불확실한 선택을 하라고 제안하면 그들은 즉시 당신을 멀리할 것이다. 다시 말해 그들 사전에 '일단 저지르고 보자!'란 것은 없으며, 불확실한 일은 목에 칼이 들어와도 하지 않는다.

초록 사분면 사람들과 함께 일할 때의 장점은 그들이 준비가 매우 철저하다는 것이다. 이미 자신이 할 일을 알고 세부적인 것까지 속속들이 꿰고 있다. 정시에 시작해 거의 정시에 일을 끝마친다.

부정적인 면은 지나치게 꼼꼼하고 '작은 그림'만 본다는 것이다. 숲이 아니라 나무를 보기 때문에 당신이 원하는 대로 조정하기가 어려울 수 있다. 사무실은 항상 깔끔하게 정돈하고 책상에는 꼭 필요한 서류만 올려놓는다.

이번에도 다음의 빨강 사분면으로 넘어가기 전에 당신이 아는 초록 사분면의 '조직자' 다섯 명을 적어 보라.

초록 사분면 5명

1. _____

2. _____

3. _____

4. _____

5. _____

노랑 사분면

오른쪽 윗부분의 노랑 사분면은 우뇌의 상상력과 전뇌 신피질의 지능이 합쳐진 유형이다. 사고 선호도가 노랑 사분면에 있는 사람들은 '탐구적 인간'에 가깝다.
그들을 어떻게 알아볼 수 있을까?
아주 쉽다.

노랑 사분면의 사색가들은 실험을 아주 좋아한다. 그래서 당신의 제안에 대해 항상 사려 깊게 반응할 것이다. 그 안에서 새롭고 흥미로운 기회를 탐색하는 것이다.

그들은 재미와 자발성, 빠른 속도와 변화를 사랑한다. 집중하는 시간이 길지 않으므로 그들에게는 지속적인 자극이 필요하다.
그리고 순서대로 진행되는 프레젠테이션보다 개괄식과 개념적인 틀을 선호한다. 나름대로 자료를 탐구할 수 있고, 다른 사람이 만든 구조에 구애받지 않기 때문이다.
그들은 시각적인 것에 아주 민감하다. 형상과 비유를 좋아하며 경험을 통한 학습을 선호한다. 그들에게 무언가를 제안할 때는 상상력을 자극해야 한다. 그들은 정해진 틀을 싫어할 뿐만 아니라 그런 것에는 아예 관심조차 없다.
노랑 사분면 사람들과 일할 때 그들의 장점은 '큰 그림'을 본다는 것이다. 생각을 빠르게 종합하고 일을 착수하는 능력이 탁월하다. 그들은 두려움이란 것을 모른다. 항상 실험하고 모험할 준비가 되어 있다. 새로운 것에 도전하는 일이면 무엇이든 무한한 열정을 보인다. 상상력도 풍부하다.
반면에 조직력이 약하다는 단점이 있다. '난장판' 같은 그들의 사무 공간을 보면 알 수 있다. 책상이 너저분한 만큼 그들의 머릿속도 뒤죽박죽이다. 노랑 사분면의 사색가들은 시간 관리 능력이 떨어지고 회의 마감 시한도 잘 못 지킨다. 행정적인 일을 싫어하고, 걸핏하면 세부 사항을 생략한다. 마무리를 잘 못해 업무를 종결하지 못할 때도 많다. 또 쉽게 싫증을 내고 흥미와 동기를 잃어버린다.

이제 당신이 아는 노랑 사분면의 '탐험가'들을 적어 보라.

노랑 사분면 5명

1. _____
2. _____
3. _____
4. _____
5. _____

빨강 사분면

오른쪽 아랫부분의 빨강 사분면은 우뇌의 상상력과 포유류 뇌의 감정적인 시스템이 복합된 유형이다. 이 사분면에 사고 선호도가 위치한 사람들은 '감정적 인간'에 가깝다.
그들을 어떻게 알아볼 수 있을까?

빨강 사분면 사람들은 색깔 그대로 열정적이다. 그래서 당신의 계획이나 제안에 자발적으로 반응할 것이다.

그들은 '인간' 지향적 유형으로, 단체 토론과 개인적인 관계를 좋아한다. 또 자신의 생각을 공유하고 감정을 표현하는 것을 좋아한다. 그들을 상대로 미팅이나 프레젠테이션을 할 때는 친숙한 분위기를 만들어 주는 것이 중요하다. 그들은 조화를 중요시해 자신이 원하는 것에 대해 다른 사람들도 자기만큼 공감하고 배려해 주길 기대한다.

대신, 그들은 극도로 직관적이다. 그런 만큼 당신의 감정을 세심히 배려할 것이다. 항상 눈높이를 당신에게 맞추고 당신을 존중하는 태도로 대할 것이다.

'감정적 인간'은 너무 많은 자료와 분석을 힘겨워한다. 인간적인 교류를 중시하므로 참여가 제한되는 강연을 싫어한다. 그들은 대화와 지속적인 피드백을 원한다.
빨강 사분면 사람들의 장점은 자신과 관련된 모든 사람에게 민감하다는 것이다. 그들의 '형님 동생' 식 접근법은 팀워크와 환경에 긍정적인 분위기를 조성한다.

단점은 때때로 자기 감정을 잘 조절하지 못한다는 것이다. 사실로 인해 감정이 상처를 받게 되면 그들의 열정은 좌절과 분노로 변할 수 있다.

사무실 책상과 벽을 장식하고 있는 사진, 기념물을 보면 빨강 사분면 사람이라는 것을 쉽게 알아볼 수 있다. 그들은 상대방에게 비스킷이나 커피를 건네며 서로 알아가는 일에 정성을 쏟는다.

기억을 더듬어 당신이 아는 '감정적 인간' 다섯 명을 찾아보자. 파랑 사분면은 남자가 많은 반면 빨강 사분면은 여자가 많다는 사실을 알게 될 것이다.

빨강 사분면 5명

1. _____

2. _____

3. _____

4. _____

5. _____

각 사분면의 선호도에 적절한 사람을 떠올리는 과정에서 친구나 동료 중에 한 사분면 이상에서 강한 특징을 보이는 사람들이 있다는 사실을 발견했을 것이다. 이는 지극히 정상적인 현상이다. 대다수 사람이 이처럼 '이중 성향'을 보인다. 다시 말하면, 헤르만 설문지로 테스트할 때 사람들은 두 가지 사분면의 선호도를 동시에 나타냈다는 의미다. '삼중 성향' 또는 심지어 '전뇌 성향'도 있을 수 있으며, 그런 사람들은 네 가지 사고 사분면에 대해 두루 수용적인 사람들이다.

각 사분면이 서로 어떻게 조화를 이루는지 살펴보기 전에 당신은 어느 사분면에 속하는지 알아보자.

당신의 선호도는 어느 사분면에 해당하는가? 파랑, 초록, 노랑, 빨강?

우선, 헤르만 모형에서 당신은 어느 사분면에 해당하는지 대충 짐작해 보자.

그림에 빈 사분면이 있고 각각의 사분면은 점선으로 양분되어 있다. 파란 박스부터 시작해 당신의 사고 선호도가 파랑 사분면과 얼마나 잘 맞는지 점선 위의 점을 이용해 1에서 10 사이로 점수를 매겨 보자.

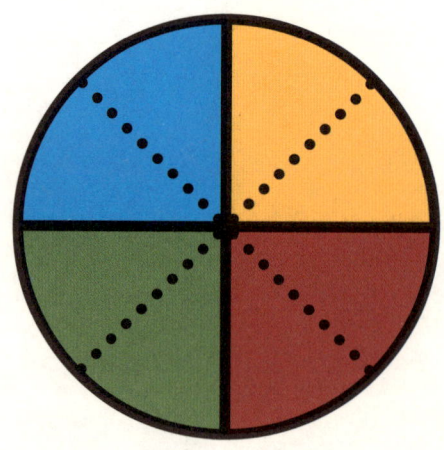

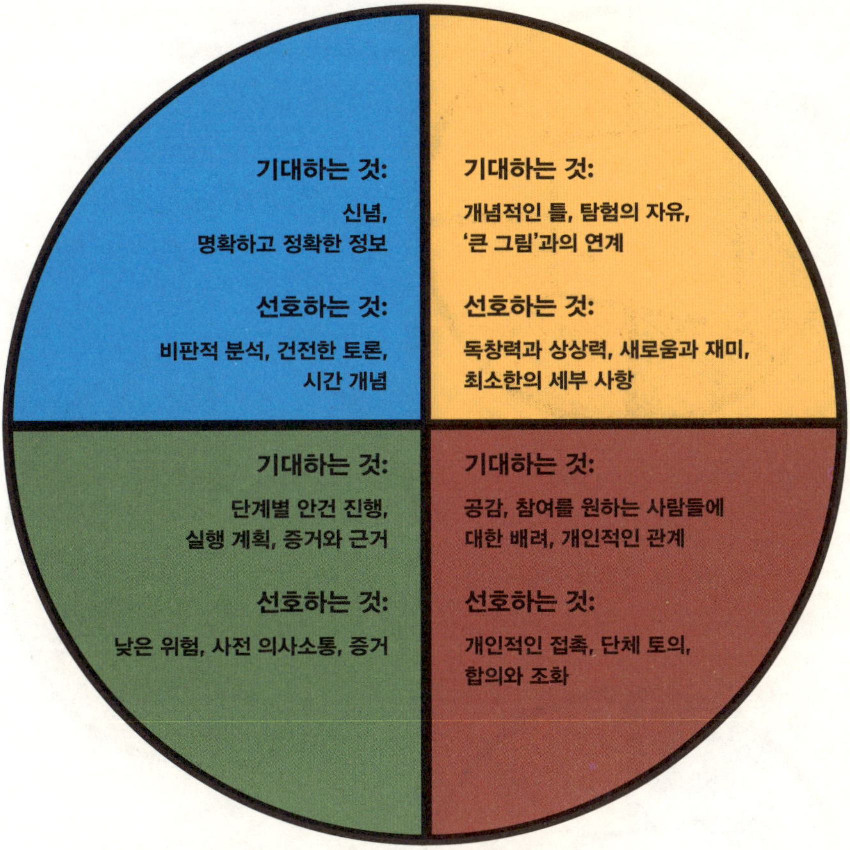

기대하는 것:
신념,
명확하고 정확한 정보

선호하는 것:
비판적 분석, 건전한 토론,
시간 개념

기대하는 것:
개념적인 틀, 탐험의 자유,
'큰 그림'과의 연계

선호하는 것:
독창력과 상상력, 새로움과 재미,
최소한의 세부 사항

기대하는 것:
단계별 안건 진행,
실행 계획, 증거와 근거

선호하는 것:
낮은 위험, 사전 의사소통, 증거

기대하는 것:
공감, 참여를 원하는 사람들에
대한 배려, 개인적인 관계

선호하는 것:
개인적인 접촉, 단체 토의,
합의와 조화

위 그림을 보면 각 사분면의 핵심적인 특징이 떠오를 것이다. 모형을 시계 반대 방향으로 돌면서 각 사분면에서 자기가 해당하는 점수에 점을 찍어 보라.

그런 후 점들을 이어 보자. 다음 페이지에 있는 이미지와 유사한 모양이 완성될 것이다.

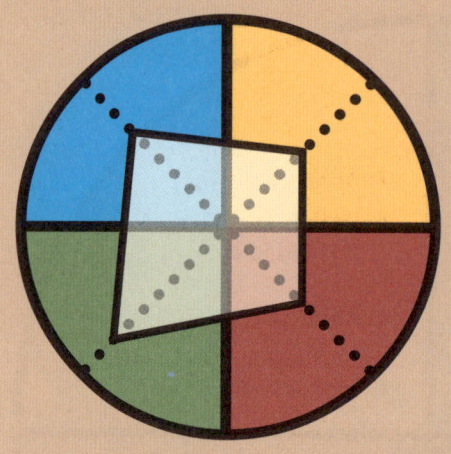

지배 성향이 초록이고,
파랑이 이와 근사하게 강한 유형

지배 성향이 노랑이고,
빨강이 두 번째로 강한 유형

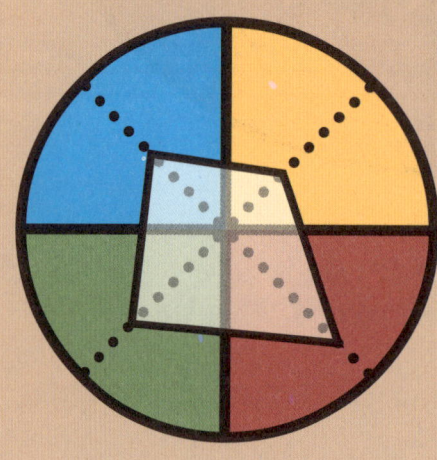

지배 성향이 빨강이고,
초록과 파랑이 유사하게 강한 유형

이 단순한 분석표를 보면 당신의 발표 방식을 청중의 사고방식에 맞게 개선할 방법을 알게 될 것이다. '의견 일치' 모델에서 본 것과 같은 왜곡을 줄이기 위해 당신의 방식을 청중의 방식에 맞춰야 한다.

각 사분면이 서로 어떻게 상호작용하는지를 보면 왜 변화가 필요한지 이유가 분명해진다. 예를 들어 파랑과 빨강은 정반대에 있다. 노랑과 초록도 마찬가지다.

파랑과 빨강의 대화를 상상해 보자. 지금은 파랑이 대화를 주도한다고 치자.

> **파랑 :** "안녕하세요. 잘 지내세요?"
> **빨강 :** "네."
> **파랑 :** "아, 네, 그러시군요. 우리 만나서 얘기 좀 해야죠?"

파랑은 빨강의 말을 듣고 반응을 보이며 계속 대화를 주도해 나간다.

만약 빨강이 대화를 주도한다면?

> **빨강 :** "안녕하세요. 잘 지내세요?"
> **파랑 :** "네."
> **빨강 :** "아, 그래요? 안색이 별로 안 좋아 보이는데, 진짜 괜찮으세요?"

빨강은 상대방의 말을 듣고 그 말에 공감한다.

파랑은 빨강에게 좀 냉정해 보일 수 있다. 반대로 빨강은 파랑에게 좀 과장되고 지나치게 민감해 보일지 모른다. 어느 쪽이든 간에 지금 두 사람의 렌즈가 그들 사이에서 대화를 굴절시키고 있다. 둘 다 똑같은 질문에 똑같은 대답을 했는데도 서로를 다르게 본다.

노랑과 초록 사이에도 이와 유사한 불일치가 일어나는 것을 볼 수 있다.

노랑이 "이건 대단한 아이디어야! 예전에는 아무도 생각해내지 못한 거지" 라고 말하면 초록은 정색하며 '이건 아주 위험한 일이야'라고 생각한다. 노랑의 아이디어를 듣기도 전에 이렇게 생각하는 것이다.

또, 초록이 "한 번에 한 단계씩 해보자"라고 말하면 노랑은 하품하며 딴 생각을 하기 시작한다.

이렇게 정반대쪽에 있는 사분면들은 서로 완전히 다른 성향을 보이는 반면, 서로 인접한 사분면들은 성향이 비슷하고 항상 서로를 이해한다.

빨강과 노랑은 우뇌 쪽이라는 숨은 연결고리가 있고, 둘 다 직관적이다.

초록과 파랑은 좌뇌 쪽이라는 공통점이 있다. 그러나 하나는 분석을 중시하고, 다른 하나는 과정을 중시한다.

파랑 : "종이 한 장에 요점과 필요한 정보를 적어 주시면 제 생각을 알려 드리겠습니다."

초록 : "모든 정보를 주시면 집에 가져가 검토해 볼게요. 제가 어떤 결정을 했고 어떤 것이 최선책인지는 내일 돌아와서 알려 드리겠습니다. 아, 그런데

첫 번째 단락에 오자가 있네요."

파랑과 초록은 지적이라는 공통점이 있다.
한쪽은 분석에, 다른 한쪽은 개념화하는 데 지성을 이용한다.
초록과 빨강은 감정적이라는 공통점이 있다.
한쪽은 시스템을 고려하고, 한쪽은 인간적인 배려에 중점을 둔다.

조금만 연습해 보면 어떤 사람이 어느 사분면에 해당하는지 쉽게 알아맞힐 수 있을 것이다. 49페이지의 도형을 보자. 각 사분면과 관련 있는 가치들을 볼 수 있다.

간단한 연습이 도움이 될 것이다.
당신이 속한 사분면을 정한 후 정반대쪽 사분면에 해당하는 친구나 동료를 꼽아 보라. 그리고 당신과 그들 사이에 갈등이 일어날 수 있는 부분 다섯 가지를 적어 보라.
예를 보자. 나는 광고 파트너와 자주 다투었다. 그는 초록과 파랑이었고, 나는 강한 빨강과 노랑이었다.

우리가 충돌하는 부분은 대체로 이런 것들이었다.

> 1. 시간 준수
> 2. 세부 사항에 대한 관심
> 3. 업무 완수
> 4. 위험 평가
> 5. 직원 선정

그는 '어떻게'만 생각하고 나는 '만약에?'만 생각했다.

회사의 고객을 위해 새로운 아이디어를 개발하는 일을 맡았던 나는 곧 내 아이디어대로 일을 추진하려면 파트너의 사고 선호도에 맞춰 프레젠테이션을 구성하고 효과적으로 의사소통해야 한다는 것을 깨달았다.

그러려면 프레젠테이션에 일정표, 책임, 비용, 대안, 인력 구성과 그 사유에 대한 설명을 담아 검증되지 않은 가상의 아이디어를 판매해야 했다. 기본적으로 나는 뇌량을 왕복하면서 평소 제대로 사용하지 않던 초록과 파랑 사분면의 역량을 보강해야 했다.

그래야만 비로소 내가 프레젠테이션을 하면서 그가 이해해 주기를 바라는 내용을 전할 때 그의 관심을 끌 수 있었다.

그렇게 서로 다른 의사소통 방식 사이에 충돌을 없앰으로써 의사소통을 모호하게 하는 왜곡을 많은 부분 제거했다.

우리는 헤르만 모델을 통해 의견 일치를 돕는 간단한 과정을 배울 수 있다.
    1. 청중의 의사소통 방식을 파악하라.
    2. 자신의 의사소통 방식을 이해하라.
    3. 그 둘을 조정하여 상대방의 왜곡 렌즈를 제거하라.

달리 말하면 청중의 의사소통 방식은 다양한 인성이 복합되어 나타난다. 이러한 사실을 잘 이해하고 이를 프레젠테이션에 반영해야 한다.

이사회에서 프레젠테이션을 한다고 가정해 보자. 그 이사회는 주로 파랑 사분면 성향이 강한 회계사들이 대부분인데, 핵심 의사 결정자 가운데 한 명이 빨강 사분면 성향이 강한 사람이라고 치자. 대부분의 사람들은 숫자에 신경을 쓰지만 그는 '사람'에게 집중한다.

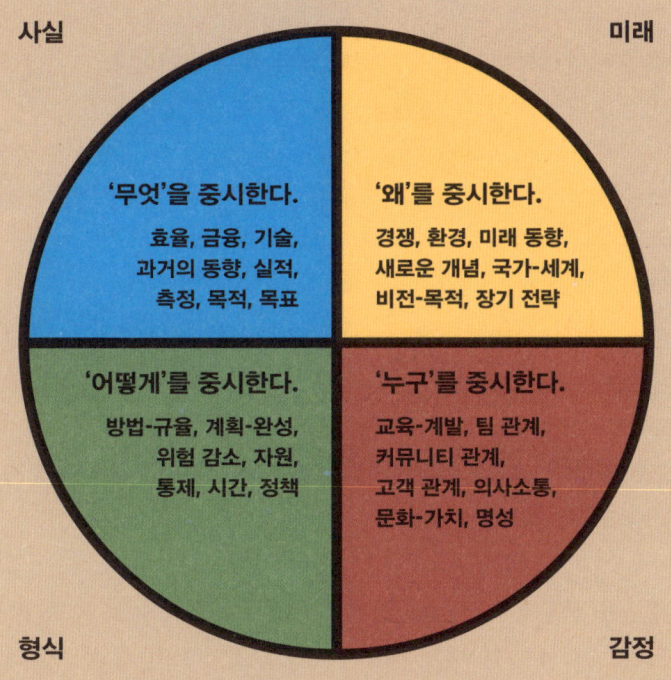

사실   미래

'무엇'을 중시한다.   '왜'를 중시한다.
효율, 금융, 기술,   경쟁, 환경, 미래 동향,
과거의 동향, 실적,   새로운 개념, 국가-세계,
측정, 목적, 목표   비전-목적, 장기 전략

'어떻게'를 중시한다.   '누구'를 중시한다.
방법-규율, 계획-완성,   교육-계발, 팀 관계,
위험 감소, 자원,   커뮤니티 관계,
통제, 시간, 정책   고객 관계, 의사소통,
                                      문화-가치, 명성

형식   감정

각 사분면의 관심사

이 상황에서는 다수결의 원칙이 통하지 않는다. 당신은 그들 모두의 마음을 끌 수 있도록 프레젠테이션을 구성해야 한다.

그 일은 생각만큼 어렵지 않다. 여기서 관건은 인식이다. 청중의 수요를 파악하고 나면 체계적인 구조를 알 수 있다. 그리고 다음 부분인 '어떻게'에서 체계적인 구조를 통해 다양한 사고방식을 탄력적으로 전달할 수 있다.

이 모든 것 중에서 변하지 않는 것이 하나 있다. 바로 당신이다.

영향력을 행사하거나 또는 설득하고 싶은 사람들을 대상으로 연설을 할 때 당신이 어떻게 행동하는지 좀 더 자세히 살펴보자.

자신의 '행동' 이해하기

우리는 모두 저마다 고유한 행동 방식이 있고, 다른 사람들을 상대로 발표를 할 때는 이러한 고유의 방식을 사용한다.

이러한 행동은 상황에 따라 변한다. 다시 말해 친구나 가족을 대할 때의 행동과 동료나 고객을 대할 때의 행동은 조금 다를 수 있다. 동료들과 공적인 업무 외의 시간을 함께 가지거나 또는 그들의 가족이나 친구들을 만나 보면 동료들에 대한 느낌이 달라지는 경우가 종종 있다.

이렇게 말하면 꼭 우리가 부자연스럽거나 위선적으로 행동한다는 것처럼 들릴 수도 있지만 사실은 그렇지 않다. 인간은 사회적 동물이며, 다른 그룹에 들어갔을 때는 자기 위치를 확보하기 위해 행동하는 능력을 타고났다. 만약 그렇지 못할 경우 융통성이 없고 사회성이 부족한 사람으로 간주된다.

행동이 달라진다고 해서 자아도 달라지는 것은 아니다. 행동이 달라진다고 정직하지 않다는 것이 아니다. 행동을 바꾼다고 가치, 태도, 신념까지 바뀌지는 않는다. (만약 그렇다면 그것은 거짓일 것이다.) 단지 다른 사람들에게 보여 주는 태도를 바꿀 뿐이다.
사실, 당신이 어떤 상황에서 하는 행동은 카멜레온처럼 감추기 위한 것이 아니다. 오히려 그 반대로, 자기 자신에 대해, 자신의 생각과 의견을 편안하고 확실하게 표현하기 위해 상황에 맞게 다른 행동을 하는 것이다.

당신의 행동을 이해하는 것이 중요한 이유는 두 가지다. 첫째, 행동을 인식하고 나면 그것을 통제하고 활용할 수 있다.

둘째, 많은 사람 앞에서 발표할 때 느끼는 긴장감을 해소할 수 있다. (제4장의 불안 관리에서 행동을 통제하는 법을 살펴볼 것이다.)

지금 중요한 것은 당신의 행동이 다른 사람들에게 어떤 영향을 미치는지에 대한 이해를 높이는 것이다.

당신은 이 문제를 어떻게 정의하겠는가?

이 문제는 다른 사람에게 맡기는 편이 더 수월하다. 몇 년 전 이 책의 내용과 관련된 주제로 열린 세미나에 참석한 일이 있다. 거기에서 이틀 동안 프레젠테이션 기술을 습득하는 동안 첫째 날이 끝날 무렵 나의 행동 양상이 드러났다.

나는 '불손한 교수'라는 꼬리표를 달게 되었다.

이 같은 꼬리표는 설득력 있는 연설에 어울릴 만한 카리스마 넘치는 캐릭터
는 아니다. 하지만 내가 그 캐릭터를 자연스럽게 소화해내면 나름 설득력을
갖는 효과를 얻을 것이다.

대부분의 사람들처럼 나 또한 사람들의 주목을 받으며 서 있으면 긴장한다.
이 점을 보완하고자 지난 몇 년 동안 정말 열심히 공부했다. 프레젠테이션을
준비할 때는 자료에 있는 사실들을 완벽하게 파악해 마치 갑옷처럼 그 지식
들로 나를 완전히 무장했다. 나는 노랑과 빨강 사분면의 성향이 강한 사람이
지만 심리적인 압박감을 느낄 때는 파랑 사분면의 역량을 보강한다. 그래서
교수 같은 분위기가 풍기는 게 아닌가 싶다.
그러나 한편으로는 지나치게 심각해지지 않으려고 노력한다. 나는 발표 중
에 농담을 즐겨 하고, 잘난 체하거나 부조리하다고 생각되는 것은 은근슬쩍
비판하면서 발표에 대한 부담감을 던다. 아마도 그래서 '불손하다'는 평을
듣게 된 것 같다.

이런 사실을 알면 내 자아를 지키는 범위에서 행동의 강도를 높이거나 줄이
며 통제할 수 있다.
프레젠테이션을 할 때 가장 중요한 것은 우리의 행동이 '성격과 조화'를 이
루는 것이다. 그렇지 않으면 분명히 우리의 모습은 부자연스럽거나 위선적
으로 보일 것이다. 그러나 한편으로는 우리의 겉모습을 있는 그대로 보여 주
는 것도 중요하다. 그래야 청중에게 어필할 수 있다. 교수가 되든 불손해지
든 두 가지 모두 상황에 따라 변화할 수 있는 스타일이다. 이제 나는 그러한
성격들이 나의 자연스러운 성향들이라는 것을 알고, 필요에 따라 적절히 태

도를 달리하며 청중에게 다가갈 수 있다.

청중이 당신의 행동이 그 상황에 맞지 않다고 느낀다면 당신이 전달하는 말은 왜곡되거나 변질된다.

당신이 부적절하게 보인다면 당신이 하는 말도 다 부적절해 보일 것이다. 그러므로 우리의 행동을 청중의 수요와 기대에 맞추어야 전하고자 하는 메시지가 제대로 전달된다.

당신의 행동을 결정하는 가장 좋은 방법은 파트너에게 물어 보는 것이다. 프레젠테이션 예행연습을 할 때 동료들에게 당신을 관찰한 후 당신이 어떻게 보이는지 알려 달라고 하라. 그를 통해 당신이 청중에게 어떤 인상을 주는지 알아낸다.

또는 다른 사람에게 자신의 발표를 동영상으로 찍어 달라고 요청해 제삼자의 시선으로 자신을 보는 것이다. 내키지 않더라도 한 번쯤 시도해 보라. 생각한 것보다 그리 나쁘지는 않을 것이다. (사람들은 대개 긴장하고 자신감 없는 자신의 모습이 관찰자들에게 잘 드러나지 않는다는 것을 알고 안심한다.) 당신은 당신의 프레젠테이션 방식이나 능력에 대해 비판할 점을 찾고 있는 것이 아니다. '긴장한 것 같다'거나 '당황한 것 같다'는 말을 듣는 것만으로는 당신의 행동을 알 수 없다. 그런 말들은 그저 당신의 발표 행위에 대한 단순한 평가에 지나지 않는다. 우리는 좀 더 깊이 파고들어가 무대에 섰을 때 자신이 어떤 캐릭터로 보이는지를 알아야 한다. (발표 행위에 대해서는 나중에 생각하자.)

형용사, 역할, 성격 면으로 구분해 생각해 보면 자신의 캐릭터를 발견하는 데 도움이 될 것이다.

예를 들어 보자.

형용사 중심

성실한 행동, 정직한 행동, 남성적인 행동, 배려하는 행동, 열정적인
행동 등

역할 중심

선생님의 행동, 코치의 행동, 교수의 행동, 어린 소녀의 행동, 아나운
서의 행동 등

인성 중심

앤서니 로빈스 같은 행동, 존 클리즈 같은 행동, 오프라 윈프리 같은
행동 등

**인간은 매우 복잡한 동물이다. 그래서 나처럼 형용사와 역할이 결합되는 경우가
많다.**

행동 유형

1. 이야기꾼
2. 수완 좋은 직업인
3. 불손한 교수
4. 백치미 풍기는 금발
5. 선량한 경찰
6. 자신감 대왕
7. 전문가
8. 재치 있는 태도
9. 정치인
10. 광신자
11. 넋 빠진 지성인
12. 차분하고 조용하고
    침착한 사람
13. 열광하는 사람
14. 보살피는 부모
15. 교사
16. 진정한 친구
17. 록 스타
18. 혼자 연기하는 코미디언
19. 해외 특파원
20. 기묘한 사람

왼쪽에 있는 박스 내용은 설득력 있는 프레젠테이션 과정을 강의하는 동안 살펴본 일부 행동 유형을 나타낸 것이다. 자신의 행동을 이해하려고 할 때 박스 안의 예들을 활용해 보라.

일단 자신의 행동을 정의했으면 그 행동으로 프레젠테이션을 시작한다. 마치 배우가 된 것처럼 그 행동을 소화하려고 노력하라. 그리고 그 행동이 당신에게 영향력을 발휘하도록 행동의 강도를 다양하게 조절하는 법을 터득하라.

문화와 정황 이해하기

지금까지 당신과 청중을 움직이는 힘을 살펴보았다.

또 발표자와 청중이 끼고 있는 렌즈에 따라 의사소통이 어떻게 왜곡되는지 살펴보았다. HBDI를 이용해 우리와 청중의 사고 선호도를 맞춤으로써 어떻게 의사소통의 왜곡을 줄이는지도 이해했다. 이로써 우리는 청중이 듣고 싶어 하는 방식으로 말하는 방법을 배울 수 있다.

지금부터는 우리의 메시지가 받아들여지고 해석되는 방법에 영향을 미치는 외부 요인들을 살펴볼 것이다. 이 외부 요인은 문화와 정황 두 그룹으로 나뉜다.

문화

모든 국제 공동체는 그들을 정의하고 유지해 주는 문화를 발전시킨다.

《아메리칸 헤리티지 사전(American Heritage Dictionary)》은 문화를 이렇게 정의하고 있다.

'한 집단이나 조직의 기능을 특징짓는 주된 태도나 행동'

이 개념대로라면 단순히 관찰만으로도 한 회사의 문화를 보고 바로 이해할 수 있다. 하지만 **모든 회사는 '공식적인' 문화뿐만 아니라 '숨겨진' 문화도 있다.**

설득력 있는 프레젠테이션을 하고자 한다면 그 두 가지를 모두 알아야 한다.

공식적인 문화는 연례 보고서에 나와 있다. 보고서에는 그 회사의 가치와 야망, 태도, 행동들이 나타나 있다. 예를 들어 나이키의 공식적인 문화는 "스포츠 패션을 이끄는 용감한 혁신가들"로 표현할 수 있다.
이를 통해 나이키가 혁신적인 행동 과정을 주장하는 프레젠테이션은 무엇이든 환영할 것이라는 추측을 할 수 있다. 그리고 그 추측이 맞을 수도 있다.
우리는 바디샵(The Body Shop)을 '자연과 당신의 자연미를 보호하는' 회사로 인식한다.
이러한 문화적인 가치에서 당신은 바디샵이 환경과 관련한 제안이라면 무엇이든 잘 받아들일 것이라고 생각할 것이다. 또, 그것이 사실일 수도 있다.
나는 그 두 회사와 일해 본 적은 없지만 어떤 회사들인지는 잘 알고 있다.

이때 반드시 기억해야 할 점이 있다. 우리가 알고 있는 공식적인 문화는 그 회사가 우리에게 알리고자 직접적으로 전달한 것이라는 사실이다. 다시 말해 자사의 브랜드 가치에 잘 맞게 그들 스스로 마케팅과 광고를 통해 널리 알리는 것이다.
이런 공식적인 문화의 이면에는 대개 숨겨진 문화가 있다. 때때로 이 숨겨진 문화는 외부에 보이는 문화와는 완전히 다른 것이기도 하다.
전에 세계적인 일용소비재 회사에서 몇 년 동안 일한 적이 있다. 그 회사의 공식적인 문화는 다음과 같았다. "이곳은 누구나 사무실에서 자신의 상상력을 발휘하고 실현할 수 있는 곳! 우리는 독창적이고 혁신적인 사고에 대해서는 합당한 보상을 한다."
이 훌륭한 철학은 그 회사의 보고서나 대(對) 직원 연설, 또는 언론 보도에 자주 등장했다. 하지만 내가 보기에 그것은 신입 사원을 채용하려고 인사 부서에서 만든 평범한 선전 문구였다.

진실을 능가하는 것은 아무것도 없다.

실상은 숨겨진 문화 속에 있었다. 혁신이라면 기겁을 하는 이 회사는 전통과의 단절을 옹호하는 모든 제안을 억압하고 없애고자 '위기관리'라는 철학을 이용했다.

그것은 전형적인 두려움의 문화였다. 사람들 대부분은 옳은 일을 한다는 기대감에 부풀어 있기보다 뭔가 잘못된 행동을 하고 있다는 불안감에 사로잡혀 있었다. 실패하면 그에 따르는 불이익(대체로 해고 통지서)이 엄청나기 때문이다. 그러므로 사람들이 신나서 새로운 것을 시도하리라는 생각은 터무니없다고 할 수 있다.

이는 일반적으로 공식적인 문화와 숨겨진 문화 사이에 존재할 수 있는 불일치를 다소 극단적으로 보여 주는 예다. 그와 동시에 그런 회사에서 설득력 있는 프레젠테이션을 할 때 우리가 직면할 수 있는 문제를 잘 보여 주는 예이기도 하다.

공식적인 문화 가치에 호소하는 방식으로 프레젠테이션을 구성한다고 상상해 보자. 나는 그들이 주도적으로 나서서 매우 획기적인 일을 하도록 제안했다. 비록 위험 부담은 있지만 장기적으로 보면 매우 큰 보상이 따를 수 있는 일이다.

그런 제안이라면 대개 당일에 바로 승인을 얻을 수 있을 것이다. 고객사는 자신들의 공식적인 문화 가치에 위배되는 행동은 하지 않는다. 우리의 고객인 일용소비재 기업들은 도전적이고 분명한 프레젠테이션을 반길 것이다. 하지만 내가 회의실을 나가는 순간, 나의 제안은 바로 쓰레기통에 던져질 것이다. 그들의 숨겨진 문화가 그렇게 위험한 행동은 포기하라고 강요하는 것이다.

그러면 반대로, 내가 현재 그들의 마케팅 기획안 범위 안에 있는 아주 보수적이고 전혀 독창적이지도, 혁신적이지도 않은, 안정적인 제안을 했다고 가정해 보자.

어쩌면 그 프레젠테이션은 이상하게도 진행이 매끄럽지 못할 수 있다. 혹은 더 나아가, 회사의 공식적인 문화에 맞지 않다는 이유로 나의 제안을 거절할 확률이 높다.

그러나 일단 미팅이 끝나면 고객사는 내 제안을 호의적으로 검토할 가능성이 크다. 비공식적으로, 그 제안이 자사의 대외 이미지에는 맞지 않아 보여도 자신들의 조직에는 도움이 된다는 것을 알기 때문이다. 그러면서 나중에는 그 제안을 좀 더 자사의 공식적인 문화에 맞게 포장해 달라고 요구할지도 모른다.

중요한 것은 프레젠테이션을 준비할 때 공식적인 문화와 숨겨진 문화를 모두 알아야 한다는 점이다. 그 둘을 결코 무시해서는 안 된다.

마지막으로 내가 일했던 일용소비재 회사의 사례로 돌아가 보자.

그들이 혁신적인 행동을 하도록 설득하는 것이 프레젠테이션의 목적이라면 나는 그런 제안을 받아들이지 못하게 하는 회사 내 요인이 무엇인지 알아야 한다. 이때 초록 사분면의 큰 반감이 예상된다. 공식적인 문화는 나를 지지하는 듯 보이지만 숨겨진 문화가 나를 방해할 수 있다는 사실을 알아야 한다.

그와 같은 지식으로 무장하면 나는 확신에 차서 자신감 넘치고 설득력 있게 프레젠테이션을 할 수 있다.

그러나 만약 위험 감소, 만일의 상황에 대한 철저한 대비, 엄격한 테스트와 연구, 시장 사례 연구(그 회사의 전통을 존중하는 용어로 표현한다면)와 같은 관점에서 제안을 발표한다면 결과는 다를 수 있다. 혁신적인 제안이 좀 더 안전하게 보이게 할 수 있다면 공식적인 문화는 그 제안을 계속 이어나가도록 허용해 줄 것이다.

숨겨진 문화는 어떻게 찾아낼까?

이 부분에 이르면 자기 업무 환경 외부 사람들이 정말 큰 도움이 된다는 것을 알게 된다. (이것이 사실이 아니라면 세상에 골프장이 이렇게 많지는 않을 것이다.)

숨겨진 문화를 파악하는 유일한 방법은 바로 그 조직 사람에게 조직에서 일한 실제 경험을 물어보는 것이다. 과거에 그곳에서 일했던 사람들에게 물어보는 것도 한 방법이다.
내가 경험한 바에 비추어볼 때, 회사 생활의 어려움 가운데 하나는 회사 내 문화적인 갈등으로 개인의 계획이 좌절되는 것이다. 일반적으로 사람들의 이직 사유도 바로 이 때문이다. 그리고 사람들은 그러한 이직 사유에 대해 이야기하는 것을 좋아한다.

그들에게 물어보라.

정황

공식적인 문화든 숨겨진 문화든 간에 문화적인 요소는 장기간에 걸쳐 확산되는 경향이 있다. 기업들은 느린 속도로 변화하고 진화한다. 오늘날 세계를 지배하는 거대 기업들을 조사해 보면 기업 문화가 10년 전이나 지금이나 비슷하다는 사실을 알게 될 것이다. 대기업들은 으레 역동성, 민첩성, 융통성, 시장 상황에 적절한 신속한 대처에 대해 엄청나게 떠들어댄다. 특히 새로운 경영진이 들어설 때면 더더욱 그렇다. 하지만 변화는 아주 느리거나 혹은 뒤로 미뤄진다.

그러나 한편으로는 매일 변화하며 당신의 프레젠테이션에 영향을 미치는 요인들이 있다.

이런 요인들을 '정황'이라고 부른다.

몇 년 전, 프록터 앤드 갬블(The Procter & Gamble Company)사의 제품 출시 캠페인을 맡은 우리는 계획한 광고 예산을 설명하기 위해 신시내티를 방문했다.

비록 예산은 꽤 나갔지만 판매하려는 고급 제품에 비할 때 적절한 수준이었다. 그리고 전에 그 브랜드와 작업한 적이 있었기에 우리가 제안하는 예산은 당연히 승인받을 것이라 여유롭게 생각했다.

그러나 프록터 앤드 갬블사 건물에 도착했을 때 나는 전혀 예상치 못한 상황에 부딪혔다. 리셉션 장소에는 거의 직원의 절반은 모여 있는 것 같았다. 그곳은 이미 사람들로 꽉 찼고, 직원이나 방문객 할 것 없이 모두 회사의 주가를 보여 주는 TV 화면을 뚫어지게 쳐다보고 있었다. 분위기가 심상치 않았다. 회사의 주가가 곤두박질치고 있었던 것이다! 그날은 프록터 앤드 갬블사의 장부에서 수백만 달러가 지워진 운명적인 날이었다.

이로써 우리 미팅의 정황은 갑작스럽게 바뀌었다.

내가 회의실에 도착했을 때는 새로운 의제가 부각되고 있었다. "돈을 벌려면 돈을 써야 합니다!"라는 식의 의욕에 찬 태도는 전혀 먹히지 않을 상황이었다. 우리가 홍보를 맡은 제품은 잘하면 값비싼 고급 제품으로 판매할 수 있었다. 하지만 그런 날, 그렇게 사치스럽고 비싼 캠페인에 돈을 쓰자고 할 사람은 아무도 없었다.

주식 시장에서 일어난 재앙은 내가 진행하던 프로젝트와는 전혀 무관한 것이었지만 예감상 우리에게도 그 불똥이 튈 것이 분명했다.

설득력 있는 프레젠테이션을 하려면 반드시 사전에 정황을 파악해야 한다.

회사 내에 어떤 일이 일어나고 있는지, 청중에게 영향을 끼치는 요인은 무엇인지, 청중들의 사생활과 직장생활은 어떻게 돌아가는지 등. 알아낼 수 있는 정보는 어떤 것이든 당신이 프레젠테이션을 올바른 방향으로 통제하는 데 도움이 될 것이다.

최근에 나는 잘 아는 팀을 대상으로 프레젠테이션을 할 기회가 있었다. 우리는 오랫동안 여러 차례 함께 일했고, 의사소통도 쉽고 편하게 하는 관계였다. 그런데 미팅을 하기 직전에 그들의 상사가 해고되고 외부 사람이 투입된다는 정보를 접하게 되었다.
이것은 우리의 미팅의 정황을 완전히 바꾸어 놓았다. 새로운 관심사가 등장

함에 따라 프레젠테이션의 목적, 구조, 내용, 방식을 달리해야 했다.

그러면 이렇듯 미팅이나 프레젠테이션의 바뀐 정황을 어떻게 알아낼 수 있을까?

문화와 마찬가지로, 이 부분에서도 어느 정도 탐색이 필요하다. 잘 아는 회사라면 그냥 물어볼 수 있겠지만 처음 만나는 사람들이라면 사전조사가 필요하다. 다행히 우리에게는 인터넷이 있다. 인터넷을 뒤져 보면 놀라울 만큼 많은 유용한 정보를 찾아낼 수 있다. 어떤 방식을 택하든 간에 아는 만큼 더 설득력 있는 프레젠테이션을 할 수 있다는 것을 명심하라.

변화의 단계

설득력 있는 프레젠테이션의 기본 목적은 항상 동일하다. 청중을 변화시키는 것이다. 다시 말해, 청중이 다르게 행동하거나 다르게 생각하기를 원하는 것이다. 어느 쪽이든 행동의 변화를 요구하는 것은 마찬가지다.

설득력 있는 프레젠테이션을 준비할 때 변화는 일종의 과정이라는 사실을 기억해야 한다. 당장 변화가 있기를 기대하지 말라. 청중이 현재 행동에서 당신이 바라는 행동으로 변하기까지는 몇 가지 단계나 시기가 있다.

변화를 다음과 같이 다섯 단계로 나뉘는 연속적인 과정이라고 생각해 보자.

1. 계획 전 단계
2. 계획 단계
3. 준비 단계
4. 실행 단계
5. 유지 단계

계획 전 단계

계획 단계

준비 단계

실행 단계

유지 단계

횡이론적 변화단계이론(Transtheoretical Model of Change)이라고 불리는 이 모델은 제임스 프로차스카(James Prochaska)와 카를로 디클레멘트(Charles DiClemente)가 고안한 것이다. 프로차스카와 디클레멘트는 건강과 중독 행동 분야를 연구하는 심리학자다. 이들은 특히 흡연 습관에 많은 관심을 기울였는데, 흡연 습관은 이들이 세운 이론에 좋은 본보기가 되었다.

나는 흡연자고 당신이 내게 담배를 끊으라고 설득하는 상황을 가정해 보자.

나는 폐암은 유전이라고 생각한다. 인체는 유전적으로 폐암에 취약하거나 혹은 그 반대다. 내가 아는 몇몇 사람은 평생 담배를 피웠지만 아침에 기침 몇 번 하는 것이 전부라는 사실이 이 무식한 이론을 뒷받침해 준다. 실제로, 우리 아버지는 담배를 피우지만 그것 때문에 돌아가시진 않았다.

이런 나에게 당신은 니코틴 패치를 팔아야 한다. 그러나 나는 당신이 하는 말이나 팔고자 하는 물건에 아무 관심도 보이지 않는다.

왜? 나는 계획 전 단계에 있기 때문이다.

지금 나는 담배를 끊을 생각조차 없다. 또한 아예 흡연의 위험을 부인하거나 위험하다는 생각조차 하지 않을 수 있다. 더군다나 금연 따위는 안중에도 없다. 이런 나에게 당신의 주장은 전혀 귀에 들어오지 않는다.

하지만 나는 그 후 몇 달 또는 몇 년 사이에 변화의 다음 단계(계획 단계)로 넘어 갈지 모른다.

다양한 TV 캠페인, 환자 대기실에 붙은 포스터, 아이들 학교에서 보내오는 전단지, 신문 기사, 또는 지인의 죽음으로 결국에는 흡연에 대한 나의 태도 가 바뀔지도 모르는 일 아닌가!

정부는 이와 관련해 많은 활동을 하는데, 사람들을 1단계에서 2단계로 이동 시키려면 무엇보다 정보가 핵심이라는 것을 잘 알고 있다. 그래서 계획 전 단계를 겨냥한 캠페인들은 사람들이 반발심을 느끼지 않도록 항상 정보 위 주로 제작된다.

계획 단계에 이르면 나는 이제 담배를 끊어야겠다고 생각할 것이다. 아직 끊 을 생각은 없지만 흡연은 장점보다 단점이 많다는 것을 이해하기 시작한다. 하지만 여전히 흡연 습관을 버리지는 못하고, 실천하는 순간을 계속 미룰 것 이다. 이 단계는 내가 흡연을 원하는 이유와 금연을 원하는 이유가 균형을 이룰 때까지 지속될 수 있다.

저울이 금연 쪽으로 기울 때 나는 3단계(준비 단계)로 넘어간다.

준비 단계는 습관을 중단하기 위해 계획을 세우는 시기다. 한 예로, 나는 담배를 끊을 방법(최면술, 패치, 껌, 요법, 갑작스런 금연)들을 알아보기 시작할 것이다. 앨런 카(Allen Carr)의 담배 끊는 법에 관한 책을 읽을 수도 있다.

또, 고통스런 일을 감행할 시간을 결정하기도 한다. 다시 말하면 내가 스스로 준비할 수 있는 날짜를 정하는 것이다. 많은 사람들이 그 결단의 시기로 새해 전야를 선호한다. 하지만 그날은 생일이나 결혼식, 또는 다른 사람들의 기념행사가 있을 수 있고, 그런 기회를 이용해 오히려 흡연의 즐거움과 작별하기 전 마지막 흡연을 즐길 가능성도 있다.

준비에는 계획뿐만 아니라 일정도 포함되므로, 이 단계는 보통 시간이 짧은 편이다. 우리는 의식적이면서도 의도적으로 점차 다음 단계로 옮겨가고 있다.

4단계는 실행이다.

이때가 바로 담배를 끊는 시기다. 새해 첫날 또는 결혼식에서 돌아온 후에는 스스로 한 약속을 지켜야 한다. 담배를 피우지 말아야 하는 것이다. 이전의 준비 단계가 철저했다면 그만큼 성공할 확률이 높다. 그러나 동시에 이 단계는 원상태로 돌아갈 수도 있어 가장 위험한 시기이기도 하다.

이 단계를 버텨낸다면 최종 단계까지 갈 수 있다.

5단계는 유지다.

이 단계는 이미 담배를 끊은 상태로, 비흡연자 상태를 유지하려고 애쓰는 단계다. 현명한 사람이라면 결심을 유지하기 위해 흡연을 대체할 만한 긍정적인 대안을 찾았을 것이다. 운동을 시작하고 체육관에 등록했거나 또는 담배를 살 돈이 절약된 만큼 그 돈을 건강하게 소비할 방법을 찾았을 것이다.

그렇다면 당신과 당신의 설득 방식은 이 모델 어느 단계에 적합할까?

1단계 계획 전 단계에서, 나는 당신에게 전혀 관심이 없다.
2단계 계획 단계에서, 나는 당신이 하는 말을 들을 것이다.
3단계 준비 단계에서, 당신은 물건을 팔 수 있다. 나는 도움을 구하고 설득에 마음을 연 상태다.
4단계 실행 단계에서, 당신은 나의 가장 훌륭한 지지자가 될 가능성이 있다.
5단계 유지 단계에서, 나는 더 이상 당신을 필요로 하지 않을 것이다.

변화 모델에서 알아야 할 두 가지 중요한 점이 있다.
　　　1. 부적합한 단계에서 설득을 하면 거절당할 것이다.
　　　2. 당신은 한 번에 한 단계씩만 나를 변화시킬 수 있다.

자, 당신이 나에게 결국 니코틴 패치를 구입하도록 설득한 과정을 다시 한 번 살펴보자.
1단계에서는 나는 니코틴 패치를 사지 않을 것이므로 나에게 애써 그것을 팔려고 노력하는 데 시간을 낭비하지 말라.
대신 담배를 끊어야 하는 필요성을 설명하면서 2단계로 옮겨가도록 유도하라. 패치를 사고 말고는 나중 일이다.

2단계에서 나는 패치를 사지는 않더라도 관심을 보일 것이다. 이때 내가 담배를 끊겠다는 결심을 하도록 설득하라. 그러면 나는 3단계로 옮겨갈 것이다.

3단계에서 나는 패치를 사고, 4단계에서 그것을 사용한다. 5단계에 이르면 나는 이미 과거의 고객이다(적어도 내가 다시 당신의 목표가 될 수 있는 3단계로 돌아가기 전까지는).

최근 어느 잡지사 일을 맡아 진행하면서 나는 이 변화 단계의 아주 좋은 예를 경험했다.

잡지사 영업팀은 광고 미디어 바이어들에게 잡지를 팔고 싶어 했다. 그리고 훌륭한 프레젠테이션을 통해 자신들의 잡지가 경쟁사보다 배포 범위가 넓고 광고비 수준도 낮다는 점을 명확하게 보여 주었다.
하지만 일은 아주 더디게 진행되었다.

미디어 바이어가 아직 계획 전 단계에 있었기 때문이다. 잡지는 전혀 그들의 고려 대상이 아니었던 터라 그들은 오로지 TV에만 돈을 쓰고 있었다.

그래서 잡지사는 바이어가 1단계에서 2단계로 옮겨가도록 프레젠테이션을 재구성했다. 이번 프레젠테이션에서는 TV와 비교해 일반적으로 잡지가 갖춘 장점을 살펴보았다. 이로써 미디어 바이어들이 잡지에 관심을 보이도록 유도했다.

그런 후 다시 자신들의 잡지가 다른 잡지들에 비해 얼마나 경쟁력이 있는지 보여 주는 프레젠테이션을 선보였다. 이 3단계 프레젠테이션은 매우 성공적이었고, 이때부터 판매가 시작되었다.

이 사례에서 우리는 세 가지 교훈을 얻을 수 있다.

첫째, 프레젠테이션을 계획하기 전에 당신의 청중이 어느 변화 단계에 있는지 파악하라.

그리고 그에 맞춰 주장을 정리하라.

둘째, 청중이 한 번에 한 단계씩 움직이게 하라. 조금이라도 서두르면 모든 것을 잃게 될 것이다.

셋째, 시간을 여유 있게 잡아라. 만약 청중이 1단계에 있다면 4단계에 이르기까지 여러 차례의 프레젠테이션을 계획해야 한다.

주장, 가치, 근거

비즈니스 협상에서 흔히 우리는 고객 또는 잠재 고객과 대화하는 중에 판매하려는 서비스나 제품에 대한 이야기를 꺼낸다. 그때 보통 우리 제품의 우수성을 설명하고 경쟁사와 차별되는 점을 강조한다.
그러나 이런 행동은 자칫 위험할 수 있다. 청중의 가치가 아닌 우리의 가치를 내세우게 되므로 각별한 주의가 필요하다. 쉽게 말해, 청중이 우리에게 실제로 바라는 것이 아닌 우리가 생각하기에 우리의 좋은 점을 떠벌리는 것이다.

그러면 결국 누구의 관심도 끌지 못한다.

나도 광고 회사에서 일하는 동안 여러 번 이런 실수를 범했다. 회사의 크리에이티브 디렉터(Creative Director)로서 나는 항상 우리의 창작품과 국내외 각종 행사에서 받은 상에 대해 자부심을 느꼈다.

그런 만큼 새로운 잠재 고객을 상대할 때면 나는 항상 우리 회사가 창의적이라는 것을 강조했다. 그러면서 으레 그 근거로 몇 가지 작품과 화려한 수상 경력을 보여 주었다.

당시에는 대부분의 잠재 고객이 그런 것에 전혀 관심이 없으리라고는 생각지도 못했다. 창의적이라는 우리 회사의 명성은 그들에게 아무런 가치가 없었던 것이다. 이렇듯 명성이 제품을 팔아 주지는 않았다. 명성은 회사에만 이로울 뿐 고객의 신뢰를 얻는 데는 아무런 도움이 되지 못했다.

'누가'를 이해하는 데 가장 중요한 것은 어떤 주장이 실제로 청중의 마음을 움직일 것인가를 아는 것이다.

단순한 질문으로 시작해 보라.

"그들은 왜 밤에 잠 못 드는가?"

그들의 걱정거리가 무엇인지 이해하려고 노력하라. 그들의 근심거리를 이해할수록 그만큼 그들이 필요로 하는 것이 무엇인지도 알게 될 것이다. 수요를 이해하면 그 수요에 맞는 프레젠테이션을 구성할 수 있다.

그런 다음 당신이 주장하려는 것이 진정 가치가 있는 것인지 검토해 보라. 이때 '다섯 가지 왜'라는 아주 간단한 기술을 사용하면 좋다.

우선 당신이 주장하고자 하는 바를 말하라. (나는 우리 회사의 사례를 활용할 것이다.) 그런 후 청중의 입장에서 질문을 던져 보라. "이것은 어떤 가치가 있는가?" "나에게 무슨 이득이 있는가?"(WIIFM, What's In It For Me?) 그리고 필요하다면 더 깊이 파고들어가 자신이 주장하는 것의 핵심 가치를 발견할 때까지 다음과 같이 다섯 번 문답해 보라.

예시

> **나 : 우리 회사는 아주 창의적인 회사입니다!**
>> **청중 : 그렇군요. 그게 나랑 무슨 상관이죠? 왜 그런 게 좋은 거죠?**
> **나 : 귀사의 광고가 사람들 눈에 잘 띄게 해드릴 수 있으니까요!**
>> **청중 : 그거 좋군요. 그런데 그게 나랑 무슨 상관이죠?**
> **나 : 사람들이 귀사의 광고에 대해 이야기할 것이고, 그 광고가 대중문화의 일부가 되는 거죠!**
>> **청중 : 멋지네요. 그런데 그게 나랑 무슨 상관이냐고요.**
> **나 : 네, 그럼 귀사는 유명해질 거예요!**
>> **청중 : 글쎄 그건 좋은데, 그게 나한테 무슨 도움이 되죠?**
> **나 : 그러면 굳이 광고를 많이 할 필요가 없습니다.**
>> **청중 : 그렇겠죠. 그래서 그게 나한테 무슨 이득이 있냐고요?**
> **나 : 귀사는 그만큼 광고비를 절감하게 될 겁니다!**
>> **청중 : 이제야 제대로 대답을 하는군요!**

WIIFM 5단계에서 우리는 결국 진정한 가치를 발견했다. 우리 회사가 창의적인 회사라는 인지도는 청중에게 아무 가치가 없다. 그러나 그 인지도에 창의적인 광고로 청중의 돈을 절약할 수 있다고 덧붙이면 즉시 관심을 끌 수 있다.

비즈니스 세계에서 무언가를 주장하려면 적어도 핵심 수요 여섯 가지 가운데 하나는 충족시켜야 한다. 여러 가지 근심거리로 잠자리에서 뒤척이는 청중은 당신이 다음의 여섯 가지 가운데 하나라도 충족시킬 수 있다면 쉽게 단잠을 잘 수 있을 것이다.

1. 돈을 절약해 준다.
2. 시간을 절약해 준다.
3. 돈을 벌어 준다.
4. 보기 좋게 해준다.
5. 기분 좋게 해준다.
6. 안전감과 보장받는 느낌을 준다.

프레젠테이션에서 무언가를 주장할 때마다 그 주장이 여섯 가지 수요 가운데 하나를 어떻게 전달할지 생각해 보라. 이때 WIIFM의 '다섯 가지 왜'를 이용하여 주장과 가치 사이의 상관관계를 찾아보라.

그리고 그 주장이 타당하고 사실이라는 것을 어떻게 증명할지 생각해 본다. 다음 사실을 항상 기억하라.

"그렇다고 말한다고 해서 그것이 그대로 전달되는 것은 아니다." 근거가 있어야 한다.

비즈니스 프레젠테이션에서 당신의 주장을 뒷받침하는 증거는 여섯 가지가 있다.

1. 사례 연구
2. 추천장
3. 전문가의 인용
4. 사실과 통계
5. 시각적인 이미지
6. 가설적인 예시

이 연습을 하는 이유는 프레젠테이션 마지막 부분에서 청중이 "그게 나에게 무슨 이득이 있지?"라고 자문할 필요가 없도록 하기 위함이다. 그들 스스로가 이미 그에 대한 답을 알고 당신을 믿도록 해야 한다.

사이코그래픽스와 인구 통계

'누가'의 마지막 측면은 너무 명백해서 오히려 자주 간과되는 것 같다.

이는 다음의 아주 간단한 질문으로 시작된다.

"나는 누구를 설득하려 하는가?"

그들이 남자인지 여자인지, 젊은지 나이가 많은지, 부유한지 가난한지, 조직 내에서 영향력이 있는지 없는지, 의욕적인지 현재에 안주하는 타입인지, 쾌활한지 진지한지, 나에게 우호적인지 적대적인지, 지적이고 정력적인지 아니면 느리고 무지한지 등.

사이코그래픽스(Psychographics, 수요 조사 목적으로 소비자의 행동 양식, 개성, 가치관, 라이프스타일, 활동, 흥미, 의견 등의 정보를 심리학적으로 측정하는 기술 - 옮긴이)를 통해 알아낸 청중에 대한 정보와 인구 통계에 대한 단순한 질문들을 던지는 것만으로도 프레젠테이션을 계획하고 준비하고, 또 전달하는 데 영향을 끼칠 만한 정보를 발견할 수 있을 것이다.

그런데 실제로 우리가 이런 질문들을 하지 않는 것은 이미 스스로 답을 알고 있기 때문이다. 우리는 이런 지식은 물론 이미 청중에 대해서도 파악하고 있으며, 직감적으로 그것을 자신에게 유리한 방향으로 활용하고 있다고 생각한다.

그러나 내 생각은 다르다. 우리가 더 많은 것을 의식적으로 인식할수록 그것을 통제하면서 보다 잘 활용할 수 있다고 본다.

요약과 행동 계획

계획 모델의 중심원에는 프레젠테이션을 준비할 때 따라야 할 첫 번째 과정이 포함되어 있다.
여기서 제시하는 여덟 가지 주제를 주의 깊게 다루면 의사소통 모델에서 본 왜곡과 변질의 가능성을 줄일 수 있을 것이다.

그 단계를 다음과 같은 순서로 정리해 보자.

1. 당신 자신 이해하기

HBDI를 활용해 당신이 어떤 정보 전달 방식을 선호하는지 시각화해 보라. 어느 정도까지는 헤르만 모델이 당신의 기본적인 성격을 설명해 줄 것이다. 때로는 청중의 사고 선호도에 맞게 기본 성격을 바꿔야 할 때도 있다.

2. 당신의 '행동' 이해하기

당신이 어떻게 행동하는지 파악하라. 그것을 알면 활용할 수 있다. 당신의 스타일 중에 어떤 면이 설득하고자 하는 대상과 잘 맞을지 판단하고 그것을 부각시키라. (전달에 대해서는 4장에서 더 설명할 것이다.)

3. 청중 이해하기

HBDI를 이용해 당신이 설득하고자 하는 대상을 분석하라. 청중의 선호도는 각기 다양하다. 그중에서 지배적인 사분면을 잘 인식하되 나머지를 무시해서는 안 된다. 의사 결정자들이 항상 그룹의 평균에 속하는 것은 아니다. 다양한 사고방식을 수용할 수 있도록 프레젠테이션을 준비하라.

4. 문화 이해하기

공식적인 문화는 쉽게 파악할 수 있다. 그 이면에 숨겨진 것까지 볼 수 있어야 한다. 그 숨겨진 문화가 모든 의사 결정에 큰 영향력을 행사할 것이다. 설득력을 갖추려면 당신의 메시지를 왜곡할 수 있는 모든 요소를 파악해야 한다.

5. 상황 이해하기

청중의 생활을 파악하라. 그들의 일상에서 당신을 받아들이는 데 영향을 미칠 만한 요소들은 없는지 파악하라. 그룹에 영향을 미칠 만한 특별한 사건이나 정신적인 압박감 등.

6. 청중의 '변화 단계' 이해하기

청중이 지금 어느 단계에 있는지, 당신이 원하는 행동으로 얼마나 유도할 수 있는지 파악하라. 대개는 그들을 한번에 한 단계씩만 변화시킬 수 있다. 너무 강하게 밀어붙이면 도리어 역효과다. 프레젠테이션을 통해 당신이 이룰 수 있는 목표를 현실적으로 판단하고, 그에 맞게 목적을 설명하라.

7. 청중의 입장에서 그들에게 가치 있는 주장 알아내기

주장, 가치, 근거라는 필터를 사용해 당신이 무슨 말을 해야 하는지, 그것이 나타내는 궁극적인 가치는 무엇인지, 그리고 그것을 어떻게 증명할 수 있는지 이해하려고 노력하라. 자기 입장에서만 생각하거나 말하지 말고, 듣는 사람 입장에서 가치 있는 것을 주장하라.

8. 사이코그래픽스로 알아낸 청중의 정보와 인구 통계 연구하기

청중에 대해 최대한 많은 것을 알아내라. 이는 당신의 의견에 대한 반대나 저항을 피할 수 있도록 프레젠테이션을 조정하는 데 도움이 될 것이다.

이제 우리의 사고방식은 청중에 맞게 변화했고, 그들도 우리를 향해 마음을 열었다. 또한 우리는 전달할 준비가 되었고 그들은 받아들일 준비가 되었다.

이제 무슨 말을
할 것인가?

여기에 대해서는 다음 장에서 살펴보자.

What:
무슨 말을 할 것인가?
무슨 말을 해야 하는가?

계획

아리스토텔레스의 수사(修辭) 과정을 이끄는 다섯 가지 원칙이 있다.

1. 고안
2. 배열
3. 스타일
4. 기억
5. 전달

이 '무엇' 부분에서 우리는 1, 2단계를 자세히 살펴볼 것이다. '고안'은 주제의 핵심적인 질문을 정의하고 우리의 주장을 정리하는 단계다. 그리고 '배열'에서는 주장이 이해하기 쉽고 기억에 남을 수 있도록 이를 뒷받침하는 정보를 구성한다.

'스타일'과 '전달'은 4장 '어떻게'에서 살펴볼 것이며, '기억'은 생략할 수 있다. 요즘은 프레젠테이션을 할 때 대부분 보조 도구나 장치를 활용하기 때문이다.

아리스토텔레스는 훌륭한 프레젠테이션의 원칙으로 다음 세 가지를 들었다.

에토스(Ethos, 인격), 파토스(Pathos, 감정), 로고스(Logos, 이성)

이 원칙들이 어떻게 연관되는지는 다음 페이지의 그림을 참고하라. 에토스는 우리의 영혼이며, 우리의 경험과 가치관, 성격에 의해 만들어진다. 이런 원칙들을 따름으로써 청중과 신뢰관계를 형성하고 자신감도 얻을 수 있다.

파토스는 열정이다. 청중이 우리의 신념을 믿게 하려면 우리의 열정을 보여주어야 한다. 우리 스스로가 우리 주장에 대해 확고한 신념이 없으면서 청중의 마음을 사로잡을 수 있으리라고 생각하는 것은 어불성설이다.

에토스와 파토스는 우리 뇌의 오른쪽, 직관적인 면에 호소한다.

그러나 로고스는 우리의 머리, 즉 우리의 이론이자 주장이다. 로고스는 좌뇌에 호소하며, 여기에서 발명과 주장이 일어난다.

아리스토텔레스는 주장이 설득력을 갖추려면 네드 헤르만이 '전뇌 경험'이라고 불렀던 것, 다시 말해 우리의 머리와 가슴과 영혼을 아우르는 것이어야

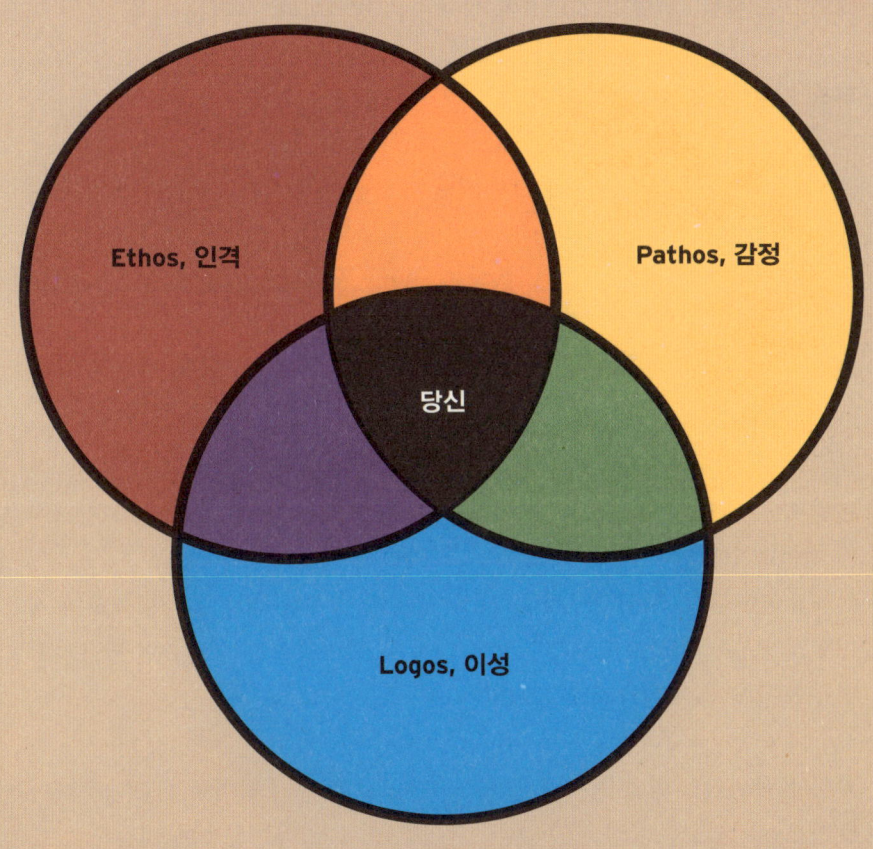

Ethos, 인격

Pathos, 감정

당신

Logos, 이성

아리스토텔레스 수사의 3요소

한다고 믿었다. 처음부터 이 세 가지 모두를 통합할 수 있도록 계획 모델이 설계되었다.

그리고 중심원, '무엇'은 로고스를 탐구하는 영역이다. 우리는 이를

목적, 정보, 조직, 지지

로 구분할 것이다. 에토스와 파토스는 원(둘레)의 바깥쪽에 있다. 우선 다음 페이지의 도형을 보자.

목적

미팅 도중에 당신은 속으로 '이게 도대체 뭐하자는 거야?'라고 생각한 적이 몇 번이나 있었나.
프레젠테이션은 흥미로운 정보, 사실, 통계가 가득한 내용으로 명쾌하고 재미있게 전달할 수 있다. 그러나 마지막에 목적이 명확하지 않으면 발표자와 청중 모두에게 시간 낭비일 뿐이다.

회의에 참석한 사람들은 프레젠테이션 내용을 어떻게 받아들이고 행동해야 할지 알 수 없을뿐더러 '행동하라'는 신호는 그저 마이동풍에 지나지 않을 것이다.

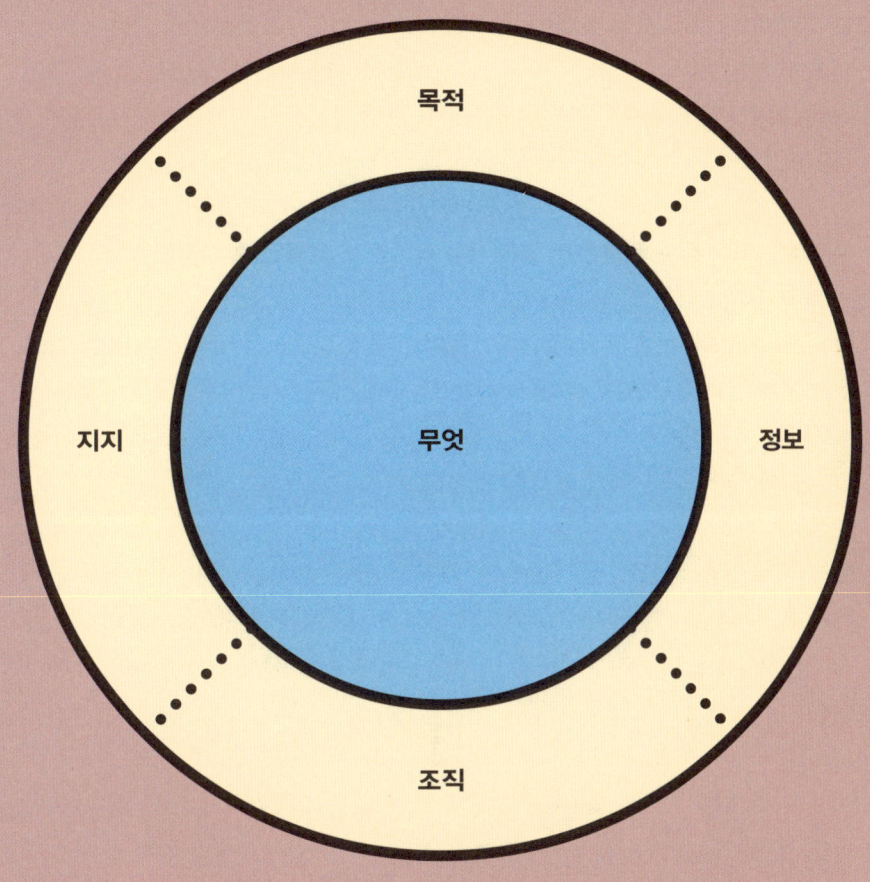

계획 모델의 중심원

목적은 설득의 DNA다.

목적을 명확하게 설명하지 않으면 그 프레젠테이션은 단순히 생각과 자료를 공유하는 데 그치고 만다.
물론 당신의 의도가 설득이 아닌 단순한 정보 제공이라면 상관은 없다. 그런 점에서 발표자로서 우리가 가장 먼저 해야 할 일은 목적의 본질을 이해하는 것이다.

우리의 목적은 정보 전달인가, 흥밋거리 제공인가, 교육인가, 설득인가?

앞의 세 가지와 마지막의 설득은 큰 차이가 있다. 전자의 활동에서 우리가 청중에게 기대하는 것은 우리가 하는 말을 흡수하고 즐기고 배우는 것이다. 이때 청중의 역할은 수동적이다. 청중이 우리의 말에 동조한다는 듯 고개를 끄덕이며 웃어 주면 그에 만족할 것이다.

그러나 우리의 의도가 설득이라면 우리가 청중에게 기대하는 것은 우리의 말에 따라 행동하는 것이다. 다시 말해, 청중의 행동에 변화가 일어나길 바란다. 이때 청중의 역할은 능동적이며, 우리와 청중은 상호 소통하는 관계가 된다.

이를 위해서는 우리의 목적이 구체적이어야 한다. 정확하게 어떤 행동이 변하길 원하는지, 어떤 결과를 바라는지 등등. 우리의 목적을 명확하게 설정하는 데 사용할 간단한 방법이 있다. 프레젠테이션에 제목과 주제, 목적을 붙이는 것이다. (이것은 단지 계획하는 데 유용한 것으로, 발표 당일에 사용할 필요는 없다.)

미국에서 사형제도가 폐지되어야 한다는 주장을 펼친다고 가정해 보자. 이때 나의 청중은 판사, 변호사, 정치가로 구성된 한 집단이다. 곧 열릴 토론장에서 나는 그들이 사형제도의 존속에 반대표를 던지도록 설득하려 한다.

이 주장은 국가가 살인을 허용하는 것은 부도덕하다는 생각을 근거로 한다. 그렇다면 프레젠테이션의 제목은 '우리의 도덕관에 사형 선고를', 주제는 '기결수의 징역과 사형을 둘러싼 도덕적 이슈' 정도로 붙일 수 있을 것이다. 그리고 그 목적은 '청중이 사형제도에 반대표를 던지도록 하는 것'이 되어야 한다. 즉 청중으로 하여금 실행하도록 이끌어야 한다.

이것은 어떤 도움이 될까?

첫째, 이를 통해 우리는 초점에 집중하고 주제와 목적을 구체적이고 분명하게 분리할 수 있다.

사실 주제와 목적은 헷갈리기 쉽다. 목적이 너무 광범위하거나 모호하면 주제 안에서 목적을 잃어버릴 수 있다는 것을 명심하자. 도덕성과 사형제도라는 주제에 대해 청중에게 관련 사실과 관찰 내용을 전달하는 것은 이 프레젠테이션의 목적이 아니라 단지 목적에 도달하는 수단일 뿐이다. 진정한 목적은 청중으로 하여금 행동하게 하는 것이다. 나는 그들이 사형제도에 반대표를 던지도록 설득하고자 한다. 일부 청중에게는 기존의 태도를 바꾸는 계기가 될 수도 있다. 정보를 제공하는 것만으로는 부족하다. 설득력을 갖춰야 한다.

둘째, 명확하게 진술된 목적은 좋은 필터 역할을 한다. 프레젠테이션을 준비할 때 우리는 보통 실제로 필요한 것보다 더 많은 정보를 찾아내거나, 시간을 더 필요로 하게 된다.

목적을 필터로 활용하면 어떤 정보가 유용하고 무엇을 버려야 할지 쉽게 알 수 있다.

셋째, 구체적인 목적을 알면 자료 준비에 노력하고 해야 할 말에 집중할 수 있다. 몰두는 전염성이 있다. 프레젠테이션 주제에 대한 우리의 노력과 열정은 청중에게도 그대로 전달되며, 그들의 사고뿐 아니라 감정에도 영향을 미칠 것이다.

마지막으로, 꼭 필요한 것은 아니지만 제목을 정하면 유용한 점이 있다. 잘만 붙이면 암기법 역할도 한다. 즉 일정 시간이 지난 후 청중이 당신의 프레젠테이션을 떠올릴 때 제목은 청중의 기억을 환기시키고 당신이 한 말의 목적을 뒷받침하며 주제를 상기시켜 주는 기능을 할 것이다.

정보

설득력 있는 프레젠테이션은 법정 소송이나 다름이 없다.

우리가 배심원의 신뢰와 존중, 신임을 얻었다면 그들은 우리의 의견에 귀를 기울일 것이다. 하지만 그들은 우리 의견에 반대할 권리가 있으며 실제로 다른 의견을 낼 가능성도 있다. 그러므로 자칫 잘못하면 그들의 의견과 우리 의견이 충돌할 수 있다. 그러한 상황에서 배심원들은 자신들이 이미 알고 느끼는 것을 고수하며 우리의 충고나 방향을 따르지 않을 것이다. 그러면 결국 우리는 소송에 실패하게 된다.

배심원들의 지지를 받고 싶다면 (타당한 의심을 넘어서) 우리의 견해가 옳

다는 것을 증명해야 한다. 이를 통해 그들의 견해가 틀렸다는 것을 증명하게
될 수도 있다.

우리는 이를 위해 단지 견해를 피력하는 것뿐 아니라 증거를 제시할 수 있어
야 한다. 증거는 보통 정보 형태로 나타난다.

소송에서 승소하려면 우리의 신념과 목적에 반하는 관점을 지지하는 정보
에 도전하거나 또는 그것을 대신할 수 있는 정보를 제공해야 한다.

이러한 것은 설득력 있는 프레젠테이션에서도 마찬가지다. 준비 단계 내내
기억해야 할 말이 있다.

"그렇다고 말한다고 해서 그렇게 되는 것은 아니다."

우리에게는 사실이 필요하다.

처음에는 정보가 산더미처럼 많거나 아니면 하나도 없을 수 있다. 후자라면
더욱 조사를 열심히 해야 한다. 하지만 전자처럼 너무 많은 정보를 알고 있
다면 편집이나 분류하는 작업이 필요하다.

어느 경우든 프레젠테이션에 어떤 정보를 넣을지 말지 결정하는 기준이 되
는 것은 오로지 이 한 가지다.

"이것은 우리의 목적과 관련이 있는가?"

냉정하게 질문을 던져라. 그리고 다음의 원칙을 기억하라.

**"그것이 아무런 효력을 발생하지 않는다면 당신에게 불리하게 작용하고 있는 것
이다."**

지금껏 주의력이 지속되는 시간에 대해서는 많은 연구가 진행되어 왔다. 우리는 금붕어의 기억력이 15초밖에 안 된다고 비웃지만, 연구에 따르면 인간이 한 가지 정보에 집중할 수 있는 시간은 겨우 8초밖에 안 된다고 한다! 상황이 이렇다 보니 청중의 주의를 붙들어두기 위해 우리는 온갖 방법을 동원해야 한다.

우선 청중의 제한된 뇌 공간을 어지럽히는 불필요한 정보가 있어서는 안 된다. 만일 우리의 주장이 제대로 전달되는 데 방해가 되는 것이 있다면 그것은 청중의 주의를 산만케 할 것이며, 이는 반드시 제거되어야 할 것이다.

때로 이것이 쉽지만은 않다. 프레젠테이션을 준비하는 과정에서 우리는 흔히 주제와 관련된 흥미로운 사실과 생각들을 축적하게 되고, 그것에 애착을 느낀다. 또한 청중이 그 정보에 흥미를 느끼리라 생각하고 청중과 공유하고 싶을 것이다.

하지만 그것만으로는 충분하지 않다.

우리는 말을 시작하는 그 순간부터 청중이 어떤 행동을 취하도록 권고나 제안을 하는 순간까지 청중으로 하여금 우리의 목적에 집중할 수 있도록 이끌어야 한다.

절대 다음과 같은 말은 하지 말라.

"잠깐 본론을 벗어나서……"

이 순간 당신은 의식하지 못하겠지만 청중은 내심 다음과 같은 말을 하고 있다. '그래, 당신이 우리에게 원하는 것은 잠시 접어두고 좀 쉬어 볼까?'

당신이 관심을 끌 만한 흥미로운 얘깃거리라는 생각에 프레젠테이션과 무관한 사실이나 정보를 집어넣으려는 유혹을 받는다면 당신의 주장을 뒷받침하는 정보로 동일한 효과를 얻을 수 있는 방법을 찾아보자. (그 방법은 3단계 '어떻게'에서 살펴볼 것이다.)

그러면 정보는 어떻게 수집할까? 처음에는 생각의 관점을 넓혀 전체를 다룬 후, 이후에는 점점 범위를 좁혀 당신의 관점에 집중한다.

만약 팀에 소속되어 있다면 브레인스토밍 기법을 이용해 함께 토의를 통해 팀원 각자가 주제에 대해 알고 있는 것을 모두 쏟아낸다. 토의를 통해 나온 것을 모두 벽에다 붙여 보라.

제일 위쪽에는 프레젠테이션의 목적을 쓴다. 이때 목적에는 청중이나 대상에 대한 정보를 간단히 적어두도록 하자.

이제 청중에 대한 것과 청중에게 요청하고 싶은 태도나 행동 변화와 관련된 정보만 다른 곳으로 옮겨 보라. 이때 옮겨지는 정보는 적을수록 좋다. 청중은 쉽게 지치기 때문이다. 그리고 청중이 고위급 경영진일 경우 그들은 다방면에 걸쳐 통합적으로 일하는 사람들임을 기억하라. 세부적인 사항을 다루는 것은 아랫사람들의 몫이다.

다음 수치를 보라. 이것은 당신이 얼마만큼 당신의 주제를 뒷받침해 줄 정보에 집중해야 하는가를 잘 보여 준다.

25퍼센트는 24시간 안에 잊혀진다.
50퍼센트는 48시간 안에 잊혀진다.
80퍼센트는 4일 안에 잊혀진다.

그러므로 내용은 신중하게 선택해야 한다.

여기까지 끝냈어도 벽에는 아직 정보가 뒤죽박죽 섞여 있을 것이다. 하지만 모두 적합한 정보이므로 이 정보들을 체계적으로 정리할 주제를 찾아본다.

최대 서너 가지 주제를 다루는 것이 가장 좋다.

이보다 주제가 많으면 체계가 무너지고, 청중은 마치 주제를 나열한 목록을 듣고 있는 것처럼 느낄 것이다. 그렇게 목록을 쭉 열거하는 것은 듣기에는 수월할지 몰라도 기억하기는 어렵다. 게다가 설득의 목적에도 부합하지 않는다.

다음 페이지의 그림은 목적, 주제, 정보를 구성할 때 활용하는 틀이다. 가운데 원에 목적을 적어 보고, 대상이 누구인지, 목표는 무엇인지 구체적으로 적어 보자.

이제 프레젠테이션에서 탐색할 각각의 주제에 간단한 제목을 붙여 보자. 그리고 그 주제들을 원 주변에 있는 네 개의 박스에 기입한다.

그런 후 각각의 박스에서 뻗어나온 원 둘레에 각 주제들을 뒷받침하는 구체적인 사실과 세부 사항들을 추가한다.
예를 들어, 고위 간부들을 대상으로 운동을 좀 더 많이 하도록 설득하려 한다고 가정해 보자.

목적은 다음과 같이 써볼 수 있다.

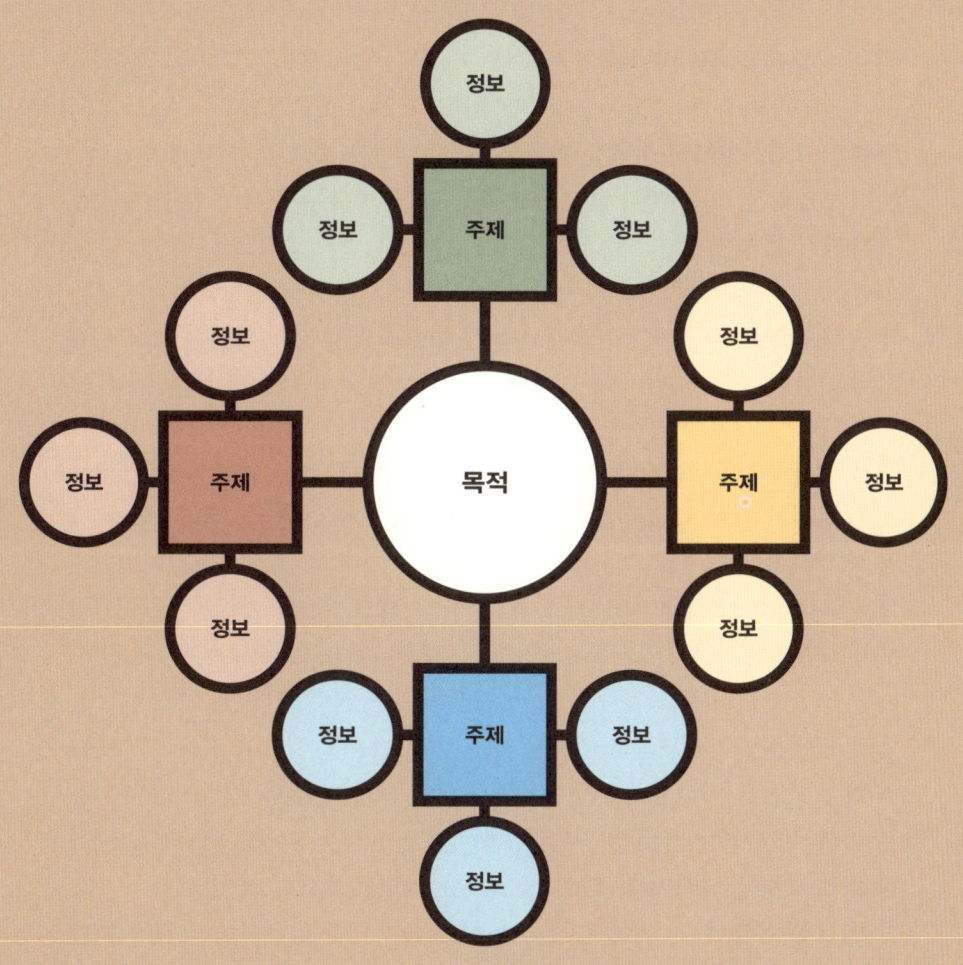

목적, 주제, 정보의 틀

"스트레스를 해소하는 데는 약물 치료보다 운동이 더 효과적이라는 것을 CEO들에게 이해시킨다."

이 같은 목적을 가운데 원에 기입한다.

주제는 엔도르핀이 신경계에 미치는 영향, 수면 조절의 이점, 부작용 없음, 휴식의 필요성, 네 가지를 다루려고 한다. 그 주제들을 가운데 원 둘레의 박스에 각각 기입한다.

그런 다음 바깥 원에는 각 주제를 뒷받침하는 사실을 삽입할 것이다. 예를 들면 엔도르핀 연구 결과 다양한 처방약의 효과와 운동의 이점을 비교해 수치화한 통계가 있다고 하자. 그러면 그것을 엔도르핀 박스에 붙은 원 중 하나에 기입한다. 그런 식으로 계속 반복한다.

다음 페이지의 그림은 우리의 정보가 어떻게 구성될지를 보여 준다. 우리는 이 단순한 형식을 사용해 모든 정보를 서로 연관성 있고 다루기 쉬운 몇 개의 큰 덩어리로 구성할 수 있다.

구조로 넘어가기 전에 바깥 원에 있는 정보들을 한 번 더 검토해 보자. 사실이나 통계가 없는 곳이 보이면 당신의 견해를 잘 보여 주는 예를 삽입하자.

통계가 인상적이고 설득력이 있긴 하지만 예시를 곁들이면 더 쉽게 이해할 수 있고 기억하는 데도 도움이 된다. 숫자는, 특히 수학적 재능이 없는 사람들에게는 추상적으로 보일 수 있다. 관련 예시를 통해 통계를 현실과 연계하여 그 속에 담긴 메시지를 제대로 이해하도록 해준다.

사람들이 숫자보다는 사례와 그림에 더 효과적으로 반응한다는 사실은 연구에서도 이미 입증되었다. 우리는 사실과 통계를 접하면 그 정보가 최대한 정확하게 입력될 수 있도록 기억력에 맡긴다. 하지만 대개 그 단계에 이르기

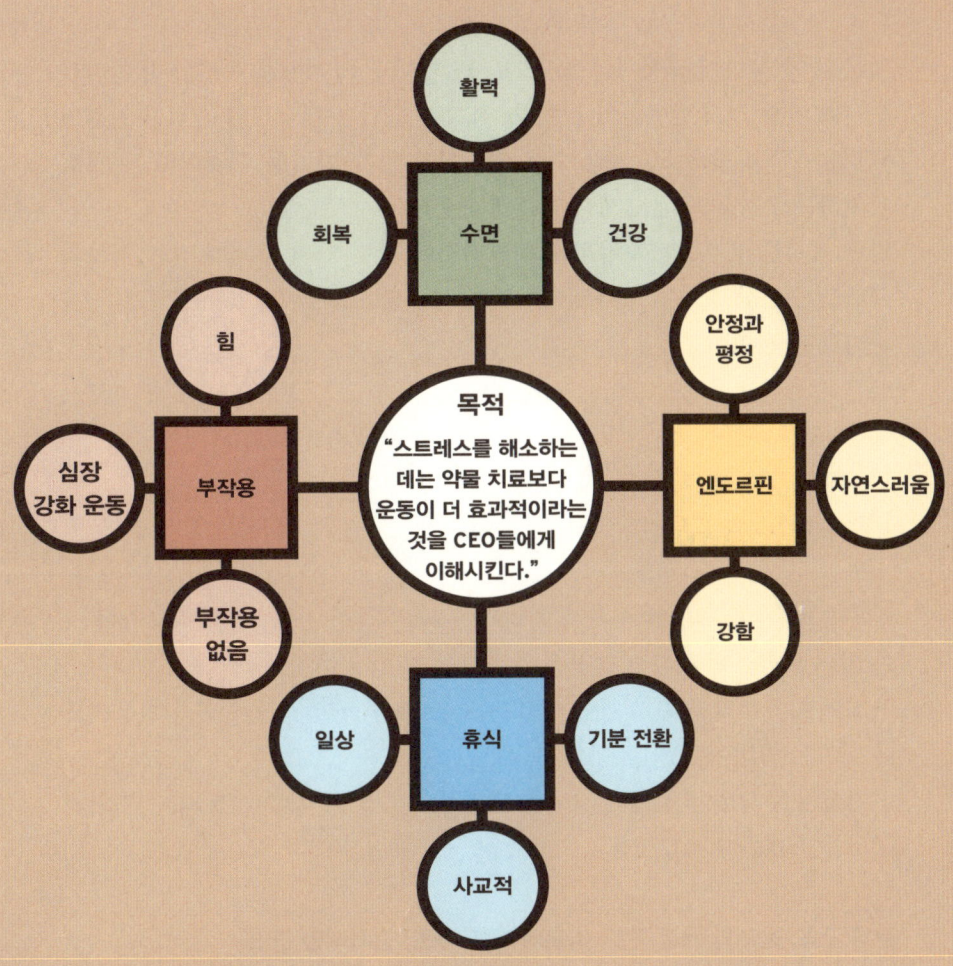

활력

회복　　수면　　건강

힘　　　　　　　　　안정과
　　　　　　　　　　　평정

심장　　부작용　　　목적　　　엔도르핀　　자연스러움
강화 운동　　　　　"스트레스를 해소하는
　　　　　　　　　데는 약물 치료보다
　　　　　　　　　운동이 더 효과적이라는
　　부작용　　　　것을 CEO들에게　　　강함
　　없음　　　　　이해시킨다."

일상　　휴식　　기분 전환

사교적

전에 관련 사례들을 통해 자신만의 상상력을 더한다. 그러면 더욱 쉽게, 잘 기억할 수 있다.

예를 들어 작년에 교통사고로 다친 사람이 8만 명이라고 하면 '8만'이라는 수치를 아주 크게 받아들일 것이다. 하지만 올림픽 개막식에 참석한 인원이 8만 명이라고 하면 8만이란 수를 대수롭지 않게 받아들일 것이다. 이처럼 이미지는 숫자를 보다 쉽게 기억하게 해준다.
일단 목적을 세우고, 그 목적을 뒷받침하는 서너 가지 주제에 맞는 정보와 사례를 수집하고 나면 프레젠테이션이 설득력을 갖출 수 있는 구조를 잡을 준비가 된 것이다.

다이아몬드 구조

청중을 설득하는 데 있어 가장 치명적인 적은 '혼동'이다. 청중이 당신이 하는 말의 흐름을 놓친다면 당신은 청중을 잃고 말 것이다.
구조는 시작부터 최종 제안에 이르는 모든 과정 동안 청중이 귀를 기울이도록 이끄는 방법이다.
여기서는 주장을 펼치거나 정보를 제공하고자 할 때 자주 사용되는 네 가지 구조를 소개한다.

분류 구조, 문제와 해결 구조, 비교와 대조 구조, 순차적인 구조

분류 구조는 여러 범주에서 정보를 구성하거나 발표할 때 사용되며, 특별히 정해진 틀이 없는 새로운 아이디어를 제안할 때 효과적이다. 다만 이 구조는 정보 전달 외에 흥미를 끌 만한 다른 숨겨진 의도가 없어 그리 설득적이지 않다.

맥킨지 컨설팅 그룹이 선호하는 문제와 해결 구조는 신속하게 문제를 파악하고 해결책을 제안한다는 장점이 있다.
비교와 대조 구조는 먼저 그 문제에 대한 다양한 해결책들의 상대적인 장점에 각각 근거해 만들어지는 구조다.
마지막으로 순차적인 구조는 논리적이고 따라가기 쉬운 경로로 청중을 이끄는 구조다.
이 구조는 아리스토텔레스가 자신의 수사 과정 중 '전달' 단계를 위해 고안했다.
순차적 구조는 그가 '심의적' 수사학이라 표현했던 것의 일부에 해당한다.
심의적 수사학은 청중의 의견을 바꾸려는 의도로 청중과 신뢰를 쌓고 그 신뢰 위에 세운 연역적 논리를 기반으로 펼치는 주장이다.

심의적 수사학에는 여섯 단계가 있다.

1. 도입
청중이 마음의 준비를 하고 본론에 나올 정보를 구분할 수 있게 하는 프레젠테이션의 개관이다.

2. 해설
이 부분은 일의 현재 상태를 설명해 준다. 우리가 지금 어디에 있고, 어떻게 여기까지 왔는지 알게 해준다.

3. 분할

주제를 구분해 정리한다.

4. 확증

우리의 입장에 신뢰와 권위를 부여하는 주장을 펼친다.

5. 반박

논쟁이나 이견을 충분히 예상하여, 그러한 주장이나 이견에 대해 반박한다.

6. 결론

마지막으로 요약하여 행동 계획을 세운 다음 청중의 생각을 바꾸는 것은 물론 마음도 얻을 수 있도록 감정에 호소한다.

이 여섯 단계에는 아주 단순한 구조가 숨어 있다. '시작·중간·끝'과 '도입·발표·요약'이다.

이 단순한 정리는 청중을 모욕하지 않고 반복해서 강조할 수 있다는 큰 장점이 있다. 반복은 청중이 당신의 말을 정확히 기억하게 하는 데 아주 효과적이다. 하지만 너무 티 나게 되풀이하면 청중을 얕잡아보는 것으로 비칠 수 있으므로 주의해야 한다. 이는 당신이 '청중은 멍청해서 내가 하는 말을 이해하려면 두세 번씩은 꼭 들어야 한다'고 생각하고 있음을 드러내는 격이다.

시작·중간·끝 구조는 그 이점을 최대한 살리면서도 반복을 숨길 수 있다. 이 말을 조금 다르게 표현하면 이렇다.

"그들에게 당신이 무슨 말을 할 것인지 말하고, 해야 할 말을 하고, 무슨 말을 했는지 말하라."

이보다 더 반복적일 수 있는가? 하지만 이 방법이 너무 뻔해 보인다면 앞서 언급한 법정 사례를 다시 생각해 보자.

사법 제도를 이해하는 데 반드시 법학 학위나 전과가 필요한 건 아니다. 요즘은 법정 드라마가 넘쳐나고 어떤 드라마에서든 이러한 과정을 볼 수 있다.

시작

소송이 시작되면 검사와 변호사는 배심원단 앞에 서서 모두진술(冒頭陳述, 형사 소송의 모두 절차에서 검사가 공소장을 읽음으로써 공소를 제기한 요지를 진술하는 일 – 옮긴이)을 한다. 그들은 이 과정에서 재판 중에 밝히고자 하는 사실을 전부 설명한다. 그리고 피고의 무죄 또는 유죄를 주장하고 명백한 증거를 제시해 배심원단이 그들의 의견과 신념을 지지하도록 설득한다. 재판 마지막에 그들은 배심원단들이 어떤 행동(무죄 선고 또는 유죄 선고)을 취하길 바라는지를 말한다.

이것이 바로 '그들에게 무슨 말을 할 것인지 말하는' 단계다.

중간

소송 과정 중 가장 긴 시간이 걸리는 이 단계에서 검사와 변호사는 증거와 모두진술에서 주장한 내용을 증명해 줄 증인을 법정에 세운다. 더불어 피고가 무죄인지 유죄인지 증명할 세부적인 내용들을 다룬다.

이것이 '그들에게 해야 할 말을 하는' 단계다.

끝

마침내 검사와 변호사는 자신들의 모든 진술을 정리하고 피고인에게 유리하거나 불리한 주장을 편다. 아리스토텔레스의 '결론'과 마찬가지로 소송에서의 마지막 진술은 배심원단의 이성은 물론 감정에도 호소하여 그들의 마음에 동요를 일으키고자 매우 감정적인 용어를 사용한다. 대체로 이러한 검사, 변호사들의 마지막 진술은 배심원들의 최종 결정에 큰 영향을 미친다.

이것이 '그들에게 당신이 무슨 말을 했는지 말하는' 단계다.

배심원단은 마지막까지 똑같은 정보를 세 번이나 듣게 되지만 이러한 구조 때문에 자신들이 반복해서 들었다는 사실을 쉽게 알아채지 못한다. 이 구조는 또한 주장과 증거를 기억하도록 돕는다.

우리는 매일 밤 텔레비전 뉴스에서 이와 같은 양식을 본다. 뉴스는 먼저 우리가 볼 뉴스들의 예고로 시작해 주요 뉴스를 자세히 보여 주고, 그런 다음 주요 뉴스를 다시 요약해 준다. 이렇게 해서 우리는 같은 뉴스를 세 번 듣는다.

이 양식은 매우 간단해 보인다. 그러나 청중은 이를 쉽게 알아채지 못하며, 반면 그 효과는 엄청나다.

자, 그럼 이 원칙들을 프레젠테이션에 어떻게 적용할지 살펴보자.

다음 페이지에 있는 그림은 우리가 **다이아몬드 구조**라고 부르는 것으로, 일종의 흐름도다.

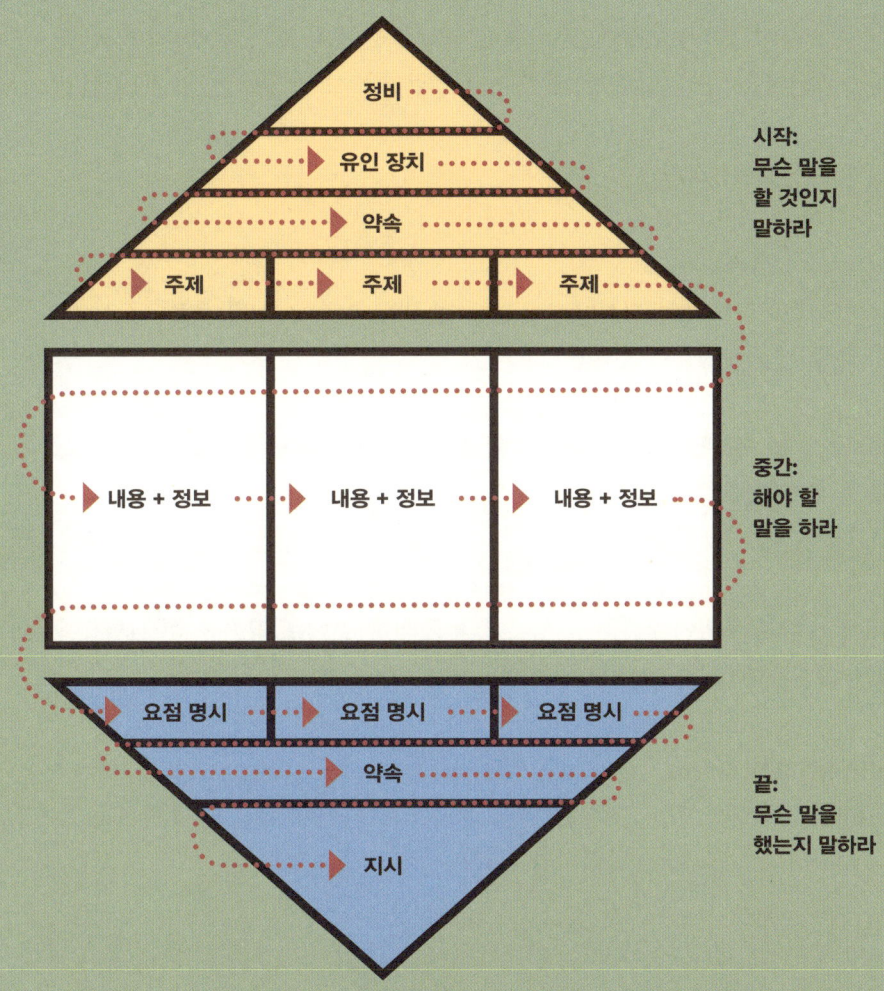

시작:
무슨 말을
할 것인지
말하라

중간:
해야 할
말을 하라

끝:
무슨 말을
했는지 말하라

다이아몬드 구조

일단 목적을 정하고 나서 관리하기 쉬운 서너 개 주제로 정보를 정리하면 다이아몬드 구조를 활용해 전체 프레젠테이션을 구조화할 수 있다.

각 부분을 검토하고 실제 사례를 살펴보자. 보는 바와 같이 다이아몬드는 세 부분으로 구성된다. 위, 중간, 아래는 각각 연설의 시작, 중간, 끝에 해당한다.

위에서부터 살펴보자.

Section 1 : 정비

프레젠테이션에 앞서 우선 청중의 마음가짐을 정비한다. 이 부분에서는 아직 주제에 대해 언급하지 않는다.

정비를 하는 목적은 프레젠테이션에 앞서 청중의 마음에 혹시 있을지 모를 왜곡을 없애기 위함이다.

정비는 다양한 형태로 할 수 있다. 특히 당신이 첫 번째 연설자이거나 청중이 낯선 환경에 있다면 정비는 더욱 중요하다. 청중에게 기본적인 정보를 제공하여 혼란을 없애도록 노력하라.

청중에게 말해 주라.

연설을 얼마 동안 할지, 전화는 언제 걸 수 있는지 청중에게 미리 일정을 알려 주어라. 그리고 나서 전화기의 전원을 꺼달라고 요청하라.

또한 마지막에 질문 시간이 있는지, 원고를 나눠 줄 것인지 알려 주어라.
식사와 음료는 언제 어디에 준비되는지 안내하라.
화장실 위치를 알려 주어라.

요컨대 정비란 청중의 머릿속에서 왜곡을 없애고 그들이 프레젠테이션에 온전히 집중할 수 있도록 사전에 모든 필요한 사항을 알려 주는 것이다.

최근 유니레버(Unilever)사에 프레젠테이션을 하러 간 적이 있다. 차례를 기다리며 첫 번째 강연자의 말을 경청하는데, 뜬금없이 화재 발생 시 대피 절차를 설명하는 것이 아닌가. 알고 보니 그렇게 하는 것이 유니레버사의 기본 방침이라고 했다. 어떤 이들은 그런 설명은 유니레버 같은 '큰 조직'에나 해당되는 사항이라고 생각할지 모르겠다. 그러나 이는 어느 프레젠테이션에서든 정비 단계에서 반드시 설명해야 할 사항이다.

Section 2 : 유인 장치

이름 그대로 유인 장치는 청중의 주의를 극적으로 사로잡는 수단이다.

유인 장치는 종류가 매우 다양하다. 연설자(강연자)는 누구나 자신의 프레젠테이션과 청중에게 적합한 유인 도구를 찾아야 한다. 유인 장치는 발표자 자신이 가장 편하게 사용할 수 있는 것이어야 한다.

모든 사람이 농담에 능숙한 것은 아니지만 유머는 발표자와 청중을 이어 주고 프레젠테이션 초반의 어색한 침묵을 깨는 데 아주 효과적인 도구다.
어떤 발표자들은 다른 사람의 말과 글, 유명인의 이름 등을 인용해 그들의 권위를 빌리기도 한다. 사전에 정의된 뜻풀이를 제시하는 것은 충격적인 통계 수치를 발표할 때만큼이나 청중을 효과적으로 유인할 수 있다.
나는 청중에게 질문을 던지는 것이 그들을 참여시키는 데 좋은 방법이라는 사실을 자주 확인한다. 거수를 통해 상호작용을 이끌어낼 수 있고 프레젠테이션이라는 형식에서 오는 연설자와 청중 사이의 벽을 허물 수도 있다.

아마도 가장 매력적인 유인 장치는 청중 앞에서 묘기를 보여 주는 것일 것 같다. 이 기술은 미세한 것에서 극적인 것에 이르기까지 매우 다양하다. 몇 년 전 일본의 한 마케팅 디렉터가 겪은 일화를 소개한다. 그는 이사회에서 오버헤드 프로젝터를 사용해 프레젠테이션을 했는데, 발표 전 먼저 깨끗한 필름 위에다 100엔짜리 동전을 올려놓았다. 그러자 그의 뒤쪽과 위쪽으로 하얀 배경에 검은 원의 이미지가 나타났다.

그가 동료 이사들에게 뭐가 보이느냐고 물으니 이사들은 대부분 떠오르는 태양, 일본의 국기가 보인다고 답했다. 이어진 그의 명석한 대답은 주제를 효과적으로 부각시키고 청중을 유인하는 장치가 되었다.

> "네, 여러분이 국기를 상상할 것으로 예상했습니다. 이것이 바로 우리가 회사에서 몇 년간 형성해온 '사물을 바라보는 방식'입니다. 하지만 이제 우리는 사물을 다르게 바라볼 필요가 있습니다. 저는 여러분이 이 이미지를 지구, 세계 지도로 보길 원합니다. 가장 큰 기회는 일본 바깥에 있기 때문입니다. 우리 회사는 세계로 뻗어나가야 합니다. 바로 그 때문에 제가 오늘 이 자리에 선 것입니다."

부드러운 그의 연기는 금방 청중의 주의를 끌었고, 프레젠테이션의 목적을 간명하게 소개한 훌륭한 장치였다.
서양에서도 비슷한 사례가 있다. 일본인의 천부적인 섬세한 면모를 찾아보기는 어렵지만 유인 장치가 청중의 마음을 어떻게 사로잡을 수 있는지는 충분히 보여 준다.

1987년 캐나다 펩시콜라의 사장 겸 CEO였던 케빈 로버츠(Kevin Roberts)의 일화다. 그는 자신의 직원, 음료 제조업자, 엄선된 미디어를 대상으로 연설을 하려 했다.

그는 이 행사를 위해 외상 후 스트레스장애 환자로 가장하고(이 자체로도 매우 강력한 유인 장치다) 경쟁사인 코카콜라의 자동판매기를 무대 위 자신의 뒤쪽으로 옮겨놓았다. 그러고는 마치 제리 브룩하이머(Jerry Bruckheimer)처럼 연설대 안에서 기계총을 뽑아들더니 뒤돌아서 화려한 액션으로 그 기계를 산산조각냈다. 청중은 그 장면에 깜짝 놀랐다. 그리고 환호했다.

소동이 가라앉기 전 로버츠는 이렇게 말했다.

"올해 우리는 경쟁사에게 바로 이렇게 할 겁니다."

로버츠는 또 프레젠테이션 노트를 휘두르며 말을 이었다. "그리고 이것이 우리의 마케팅 계획입니다!"
한바탕 난폭한 연극이 펼쳐졌지만 자신의 계획을 알리고 지지를 얻으려는 목적에 꼭 맞게 연출한 장면이었다. 이후 로버츠는 람보라는 별명을 얻었다.

특별히 참신함을 자랑하는 유인 장치도 있다. 1980년대 영국 런던의 광고 대행사 사치 앤 사치(Saatchi & Saatchi)는 영국 철도(British Rail)의 대외적 이미지 개선책을 세우는 프로젝트를 맡았다. 당시 영국 철도는 이용자들로부터 교통비만 비싸지 그에 합당한 서비스는 제공하지 않는다는 비난을 받는 등 곤경에 처해 있었다.
사치 앤 사치는 자사를 소개하고 영국 철도의 대외 이미지 개선책을 제안하는 프레젠테이션을 하고자 영국 철도의 임원들과 마케팅 인력들을 초대했다.

영국 철도 팀이 사치 앤 사치의 사무실 건물로 들어갔을 때 제일 먼저 눈에 띈 것은 무척이나 지저분한 안내 데스크였다. 재떨이에는 담배꽁초가 넘쳐났고, 커피 테이블에는 더러운 컵과 접시들이 널려 있었다. 게다가 안내 데스크 직원은 껌을 씹으며 사적인 전화를 하느라 손님은 안중에도 없었다. 영국 철도 팀은 그 자리에서 15분도 넘게 기다렸다.

충분히 짐작할 수 있듯이 영국 철도 팀은 심한 모욕감을 느꼈고, 이런 회사에서 일을 제대로 해줄 수 있을지 점점 불안해졌다. 결국 돌아가려고 자리에서 일어서는 순간, 회의실 문이 활짝 열리고 마치 한 편의 연극처럼 프레젠테이션이 시작되었다.

연설자로 나선 사치 앤 사치의 대표는 프레젠테이션을 통해 단번에 그 상황을 뒤바꾸어 놓았다.

영국 철도 팀이 사치 앤 사치의 안내 데스크에서 경험한 것은 바로 철도를 이용하는 고객들이 영국 철도의 서비스를 어떻게 느끼는지 극화해 연출한 것이었다. 승객들은 기다려야 하고, 무시당하고, 지저분한 객차에 불편하게 앉아 있어야 했다. 이것이 바로 사치 앤 사치가 광고를 통해 해결을 약속하는 부정적인 이미지였다.

사치 앤 사치는 당연히 영국 철도 광고 사업 건을 따냈다. 그들의 유인 장치는 프레젠테이션 주제에 생기를 불어넣었고, 프레젠테이션이라는 한 편의 드라마로 청중을 강력하게 끌어당겼다. 이 일화는 광고계의 신화가 되었으며, 획기적이고 대담한 마케팅으로 사치 앤 사치의 인지도를 높였다.

하지만 유인 장치가 꼭 있어야 하는 것은 아니다. 유인 장치가 없어도 얼마든지 프레젠테이션을 시작할 수 있다. 단지 청중의 관심을 유도하는 데 시간이 조금 더 걸릴 뿐이다. 주제와 상관없는 유인 장치라면 아예 없는 것이 훨씬 낫다. 만일 청중이 프레젠테이션의 주목적을 떠올리는 데 전혀 도움이 되지 않는 재미난 드라마만 기억한다면 그 유인 장치도 완전히 실패한 것이다.

Section 3 : 약속

이때부터 본격적인 프레젠테이션이 시작된다.

지금 청중이 편안하게 앉아 당신이 입을 열기를 기다린다고 가정해 보자. 정비를 통해 청중은 프레젠테이션을 들을 준비가 되어 있다. 농담이나 인용문이나 쇼를 통해 발표자가 앞으로 무슨 말을 할지에 흥미를 느꼈을 수도 있고 그렇지 않았을 수도 있다.
이 순간 청중은 당신에게 정말 소중한 것을 주고 있다. 바로 그들의 시간이다. 청중은 그 대가를 기대하며 희망과 기대에 부풀어 있다. 그들은 당신의 프레젠테이션에서 무언가를 얻고자 한다. 투자한 만큼의 대가를 원하는 것이다. 또한 전체 과정에서 이 시점에 얻을 대가가 과연 무엇일지 궁금해할 것이다.

그것을 그들에게 말해 주어라.

그들에게 약속하라. 프레젠테이션을 통해 무엇을 얻게 될지 말함으로써 그들을 안심시켜라.

투박하지만 효과적인 방법이 있다. 이렇게 말해 보자. "이 프레젠테이션이 끝날 때 여러분은 ……하게 될 것입니다."

만약 내가 프레젠테이션 형식으로 이 책의 내용을 전달한다면 나는 이렇게 시작할 것이다. "이 발표가 끝날 때 여러분은 설득력 있는 프레젠테이션을 계획하고, 준비하고, 전달할 수 있게 될 것입니다." (실제로 1장으로 돌아가 보면 내가 바로 이렇게 말했다는 사실을 알 수 있을 것이다.)

연설자의 약속은 본질적으로 그 프레젠테이션을 하는 목적을 청중의 입장에서 가치 있는 방식으로 표현한 것이다. 시작할 때 먼저 그것을 명확하게 설명함으로써 당신의 모든 정보와 생각이 청중의 마음속으로 흘러들어가게 하는 깔때기를 만들 수 있다. 청중이 당신의 메시지를 받아들이고 간직할 '마음의 공간'을 준비하도록 해주는 것이다.

또한 당신이 할 말이 청중에게 반드시 도움이 될 것이라는 확신을 준다. 만약 이 시점에서 자리를 뜨는 사람이 있다면 그냥 나가게 내버려두라. 시간을 투자한 만큼 그들의 기대에 부응하지 않을 뿐이므로 당신은 그들이 참여하든 말든 신경 쓸 필요가 없다.
프레젠테이션에서 "그들에게 무슨 말을 할 것인지 말하라" 단계의 핵심은 '약속'이다. 그것이 적절한 약속이면 청중은 기꺼이 시간을 투자해 당신에게 집중할 것이다.

당신은 이제 그 토대 위에서 시작할 수 있다.

Section 4~6 : 주제

청중이 지금 당신의 말을 듣고 있다. 당신이 그들을 참여시켰고, 그들이 원하는 무언가를 약속했다. 다음 단계는 당신이 청중을 어디로 데리고 갈지 청중이 파악할 수 있도록 프레젠테이션을 기획하는 것이다. 이 작업은 청중이 다시 한 번 당신의 정보를 흡수하고 이해하며 간직하는 데 필요한 '마음의 공간'을 만들고 준비하도록 도울 것이다. 다시 말하면, 당신이 청중을 준비시키는 것이다.

정보 수집 단계에서 우리는 필요한 모든 자료와 생각, 아이디어를 관리하기 쉬운 서너 가지 덩어리나 주제로 묶어야 한다는 것을 알았다(다이아몬드 구조를 설명하기 위해 나는 우리가 단 세 개의 주제만 가지고 있다고 가정할 것이다).

지금이 바로 그 주제들을 소개할 단계다. 단 구체적인 것은 언급하지 않는다. 각각의 주제에 제목을 붙이고 나머지는 프레젠테이션 과정에서 깊게 논의할 것이라고만 설명한다.

이렇게 했으면 우리는 시작의 마지막 지점에 도달한 것이다.

신속하게 요약해 보자.

먼저 우리는 '정비' 단계를 통해 청중을 준비시키고 시작한다.

이때 어색함을 깨고 청중이 우리가 말할 주제에 대해 생각하도록 하는 유인 장치로 청중의 참여를 유도할 수 있다.

그 다음 청중에게 가치 있는 약속의 형태로 프레젠테이션 목적을 설명함으로써 청중이 프레젠테이션에 집중하도록 이끈다. 이 프레젠테이션에 시간과 주의를 투자할 가치가 있다는 것을 보여 주는 것이다.

마지막으로 프레젠테이션에서 다루려는 세 가지 주제를 아주 기본적인 용어로 청중에게 소개한다.

이 시작 부분은 전체 프레젠테이션 시간의 약 10퍼센트 정도를 차지하는 것이 적당하다.

99쪽의 다이아몬드 구조를 다시 보면, 설득력 있는 프레젠테이션에 80 대 20의 법칙이 어떻게 적용되는지 볼 수 있다. 우리는 시작에 10퍼센트를, 의견과 정보를 상세히 설명하는 데 80퍼센트를, 그리고 마무리에 10퍼센트를 쓴다.

Section 7~9 : 내용

이제 청중은 무슨 이야기를 들을지 알고 있다. 지금부터 우리는 그 내용을 상세히 전달할 것이다. 7, 8, 9번 섹션을 순서대로 진행한다. 시작할 때 각 주제에 붙인 제목을 이용해 내용을 발표한다.

이 단계에서 소품이나 프레젠테이션 보조 기구를 이용해 청중과 공유하려는 다양한 관점과 아이디어를 설명한다. 그리고 다음 순서로 넘어가기 전에 각 주제를 연구하여 철저히 규명한다.

이 부분이 프레젠테이션에서 단연 가장 장황한 부분이다. 그러므로 연설자는 자신의 모든 기술을 동원해 청중의 참여를 유지해야 한다. 이때 다이아몬드 구조가 도움이 될 것이다. 프레젠테이션에서 무슨 말을 할지 이미 청중에게 알려 줬으므로 청중이 이야기의 맥락을 놓칠 가능성은 거의 없다.

이 세 섹션에서 가장 중요한 것은 명확하고 이해하기 쉽게 전달하는 것이다. 이 장의 후반부에서 전달을 도울 시각적인 프레젠테이션 보조 기구들을 살펴보고, 4장 '어떻게'에서 그 방식과 기술을 살펴볼 것이다.

이 섹션을 마칠 때쯤이면 청중은 엄청난 양의 정보를 듣고 흡수하기 시작했을 것이다. 당신은 '그들에게 할 말을 전한' 것이다. 당신은 '중간'의 끝부분까지 왔고, 이제 더 이상 새롭게 알려 줄 정보가 없다. 하지만 끝나려면 아직 멀었다.

Section 10~12 : 요점 명시

정보는 목적을 달성하기 위한 하나의 수단일 뿐이다. 프레젠테이션이 진정으로 설득력을 갖추고 청중의 생각이나 행동에 변화를 촉구하기 위해서는 청중이 그 정보를 어떻게 해석했느냐가 가장 중요하다.

정보의 해석을 청중에게만 맡겨두지 말자. 청중에게 당신이 보여 준 사실, 숫자, 아이디어, 도표, 이미지들을 어떻게 보고 이해해야 할지 정확히 일러 줘야 한다.

10, 11, 12번 섹션에서는 '청중에게 말한 내용만 알려 주지' 말고 그것이 무엇을 의미하는지도 말해 주어라.

청중이 당신의 의견에 동의하고 당신 주장에 수긍하길 원하는가? 그렇다면 청중이 정보를 어떻게 해석하는지를 통제하는 것이 매우 중요하다.

각 주제를 차례대로 다시 살펴보고 거기에 담긴 정보에서 청중이 무엇을 얻길 원하는지 간결하게 설명하라. 즉 그들이 듣고 기억해야 할 메시지가 무엇인지를 차근차근 설명해 주라.

이렇게 하고 나면 프레젠테이션을 마무리할 준비가 된 것이다.

Section 13 : 약속 재점검

프레젠테이션을 시작할 때 당신은 무언가를 약속했다. "이 프레젠테이션이 끝날 때 여러분은 ……하게 될 것입니다." 또는 그에 상응하는 말을 했다. 이제는 당신이 그 약속을 지켰다는 것을 보여 줄 때다.

그것을 다시 확인하라. 즉 청중에게 당신의 약속을 상기시켜라. 그리고 자신감을 가져라. 자신의 말을 100퍼센트 믿고 있다는 것을 청중에게 보여 줘라. 또한 청중이 그 말을 듣고 이해하고 동의한다고 믿어라.

지금은 아주 중요한 순간이다. 이 단계에서 강한 반대에 부딪히지 않았다면 이제 설득을 실행으로 옮겨도 좋다.

Section 14 : 지시
청중을 진짜 설득했는지는 청중의 행동 변화를 보면 알 수 있다.

프레젠테이션 마무리 단계에서 당신은 이 발표를 통해 청중의 행동에 어떤 변화가 일어나야 하는지 정확히 설명할 기회가 있을 것이다. 지침 또한 요점 명시나 해석과 마찬가지로 청중에게만 맡겨두지 마라. 청중에게 방향을 알려 주어라.

당신의 정보에 어떻게 반응하고 어떻게 행동하길 원하는지 명확히 말하라. 재미있는 프레젠테이션을 듣긴 들었는데 정작 막판에 '그래서 무엇을 해야 할지' 모르는 불상사가 일어나지 않도록 하라.

마무리 멘트에서는 청중에게 무엇을 해야 하는지 명확하게 지침을 말해 줘야 한다.

위압적으로 지시하라는 말이 아니다. 더구나 프레젠테이션이 설득력이 있었다면 전혀 그럴 필요가 없다. 하지만 당신이 원하는 것을 다시 한 번 분명하게 전달해야 한다.

또 이 단계에서는 청중의 질문에 대응할 수 있어야 한다. 그 기술은 4장 '어떻게'에서 살펴볼 것이다. 일단 지침을 주었다면 공식적인 프레젠테이션은 여기서 끝난다.

이것이 다이아몬드 구조의 흐름이다. 다이아몬드 구조는 아리스토텔레스의 도식을 따르는 간단한 단계별 과정이다. 여기에는 시작과 중간과 끝이 있고, 우리가 제안하는 바대로 청중을 이끌어갈 수 있다.

실제 사례를 보자.

다음 페이지의 도형은 이 프레젠테이션을 위한 다이아몬드다. 사형 제도를 다시 예로 들어 보자. 찬성과 반대 두 가지 입장에서 살펴볼 것이다.

우리는 시카고의 판사, 경찰, 변호사, 사회사업가들을 대상으로 사형 제도에 반대표를 던지도록 설득하려고 한다.

순서는 다음과 같다.

1. 정비
잠시 시간을 내 그들의 마음을 준비시키고, 쉬는 시간과 화장실 문제, 의제, 전화, 질문 시간 등에 대한 정보를 준다.

2. 유인 장치
노트북을 통해 행복해 보이는 열 살짜리 소녀의 모습을 보여 준 다음, 그 아이를 소개한다.
　　"여러분에게 샐리 앤 엑스를 소개합니다. 이 아이는 열 살이고, 스톡턴(Stockton)에서 부모님과 함께 살고 있습니다. 샐리 앤은 행복할 권리가 있어요. 이 아이의 아버지는 방금 죽음에서 살아 돌아왔습니다."
　　"에드워드 엑스는 계획적인 살인의 희생양이 될 뻔했습니다. 작년 7

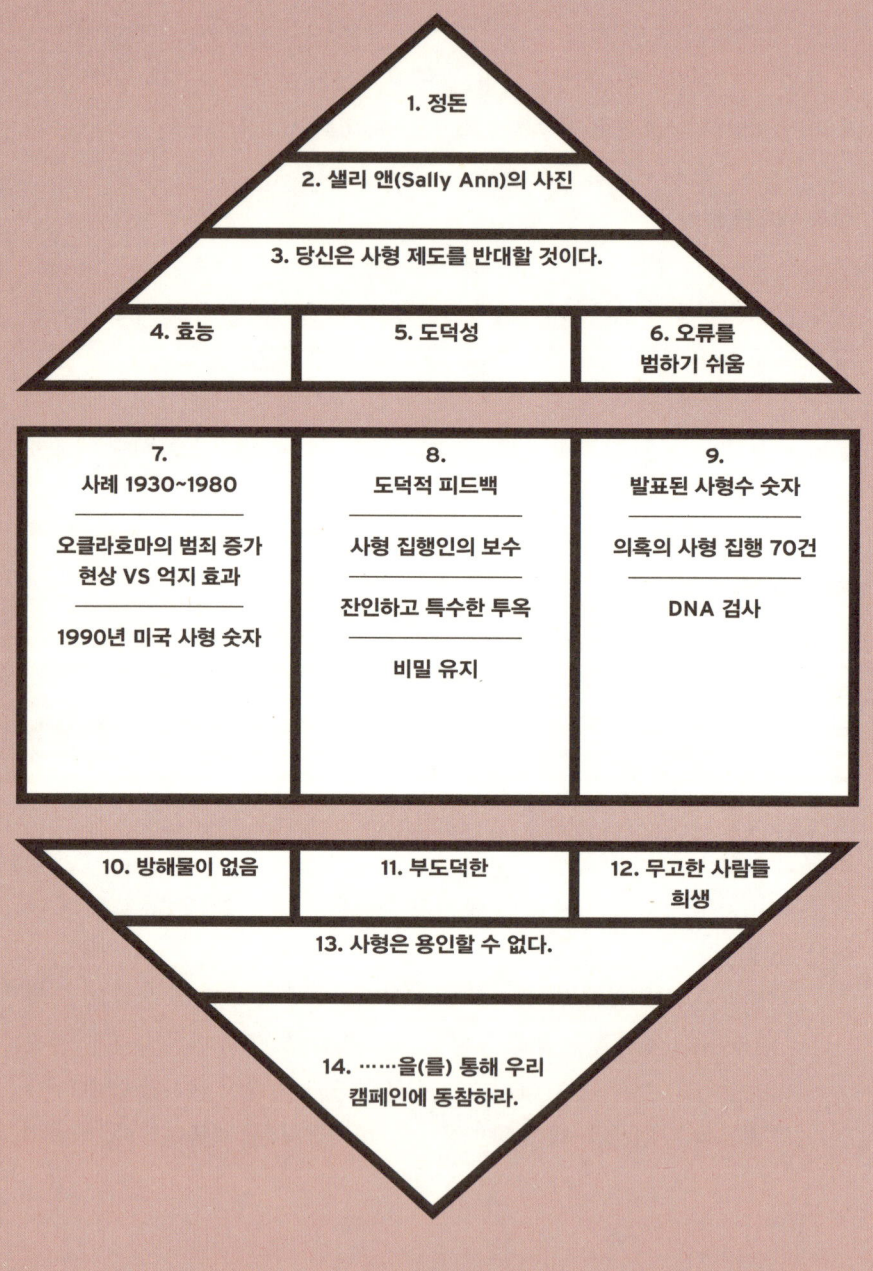

1. 정돈

2. 샐리 앤(Sally Ann)의 사진

3. 당신은 사형 제도를 반대할 것이다.

4. 효능

5. 도덕성

6. 오류를 범하기 쉬움

7.
사례 1930~1980

오클라호마의 범죄 증가 현상 VS 억지 효과

1990년 미국 사형 숫자

8.
도덕적 피드백

사형 집행인의 보수

잔인하고 특수한 투옥

비밀 유지

9.
발표된 사형수 숫자

의혹의 사형 집행 70건

DNA 검사

10. 방해물이 없음

11. 부도덕한

12. 무고한 사람들 희생

13. 사형은 용인할 수 없다.

14. ……을(를) 통해 우리 캠페인에 동참하라.

월 19일, 그는 일리노이 주에서 살인 누명이 씌워져 치사 주사 형을 받을 예정이었습니다. 그런데 그 계획된 살인을 당하기 이틀 전 그는 집행유예를 선고받았고, 지금은 무죄가 밝혀져 석방되었습니다."

"샐리 앤은 운이 좋은 편입니다. 현재 샐리 앤 외에도 수백 명에 이르는 아이들이 정부가 허용한 살인에서 자기 부모가 무죄로 풀려나기를 가슴 졸이며 바라고 있습니다."

이 이야기와 이름은 저자가 지어낸 것이다. 불행히도 이런 부당한 사형 사건은 실제로 일어나고 있다. 샐리 앤의 이야기는 청중의 주의를 사로잡고 우리가 말할 주제에 집중하게 하고 감정적 공감대를 형성할 수 있다.

3. 약속

"이 프레젠테이션이 끝날 때는 오늘날 이 시대에 사형이 허용되어서는 안 된다는 제 의견에 여러분 모두 동의하시리라 확신합니다."

"저는 사형 제도가 우리 법체계에서 얼마나 부당한지 세 가지 측면에서 말씀드리겠습니다."

4. 주제

"첫째, 효능 면에서 보겠습니다. 사형 제도는 효과가 있습니까? 사형 제도가 범죄를 막아 줍니까?"

5. 주제

"둘째, 도덕성 면에서 보겠습니다. 사형 제도는 합헌일 수도 위헌일 수도 있습니다. 하지만 도덕적인 면에서 허용할 수 있습니까?"

6. 주제

"마지막으로 오류 측면에서 보겠습니다. 과연 무고한 사람을 사형시키지 않으리라고 장담할 수 있습니까?"

이제 우리는 '그들에게 무슨 말을 할 것인지 알려 주었다.' 그럼 핵심으로 들어가 보자.

7. 내용

여기서는 사형 제도의 무효성에 대한 정보와 자료를 살펴본다. 1930~1980년 사이의 50년 동안 미국의 5개 주에서 사형 제도의 범죄 억제 효과가 없었다는 것을 보여 주는 연구를 인용할 수 있다.

또는 사형 제도 때문에 오히려 폭력 범죄가 증가한다는 사실을 보여 주는 오클라호마 주의 '범죄 증가 현상 VS 억제 효과'라는 최근 연구를 인용할 수도 있다.

우리의 주장을 뒷받침해 줄 자료는 아주 풍부하다. 주장을 펼치는 데 필요한 만큼 활용하라.

8. 내용

이제 우리는 도덕성 측면에서 살인자를 처벌하는 데 살인이라는 수단을 쓰는 것이 과연 타당한지 의문을 제기한다. 이 터무니없는 논리를 보여 주는 도덕적인 반응 고리(feedback loop)가 어디에 있는가?

왜 사형은 보통 우리가 자는 동안, 닫힌 문 뒤에서 집행되는지 반문해 볼 수 있다. 사형 집행은 텔레비전으로 방송되지 않는데, 이것은 우리가 저지르는 행동의 공포성과 부도덕성을 직면할 수 없기 때문이 아닐까?

왜 사형 집행인들은 특별 수당을 받는지에 대해서도 의문이 제기될 수 있다.

그것은 부도덕한 일을 저지르는 것에 대한 대가로 양심을 달래기 위한 목적은 아닌가?

또는 히포크라테스 선서를 한 의사가 살인에 관련된다는 점에 관해 문제를 제기할 수도 있다. 그토록 잔인하고 특수한 절차로 사람을 죽이는 것은 부도덕적이고 위헌적인 행위가 아닌가? 사형수들은 사형이 집행될 때까지 몇 년을 기다려야 한다. 그 긴 시간 동안 그들은 당사자가 아니라면 상상도 못할 만큼 극심하게 죽음에 대한 두려움을 감내해야 한다. 이 과정에서 인도주의적인 면은 전혀 찾아볼 수 없다.

이 주제에 관한 종교 교리를 살펴볼 수도 있다. 이 밖에도 사형 제도가 비도덕적이라는 의견을 뒷받침하는 논거는 매우 많다.

9. 내용

마지막으로 오류에 관한 내용으로 넘어간다. 우리는 지난 4년 동안 일리노이 주에서 사형 선고를 면제받은 9명의 죄수 사진을 보여 줄 것이다. 이들은 모두 하마터면 사형을 당할 뻔했다.

이제 사법 시스템과 무관한 사람들이 개입하여 법 절차가 보호해 주지 못한 그들의 목숨을 구해 준 사연을 살펴볼 것이다.

또한 사형 제도를 다시 도입한 이래 발생한 의혹의 사형 집행 70건을 둘러싼 통계와 증거를 살펴본다. 그리고 이전에는 논쟁의 여지없이 명백하다고 여겼던 증거에 대한 DNA 검사의 영향력을 평가할 것이다.

사형을 선고하는 과정에서 오류를 범하기 쉽다는 문제를 제기할 수 있는 자료와 정보 역시 얼마든지 많다.

이 간략한 개요에서 볼 수 있듯이 프레젠테이션의 가운데 부분은 정보로 채

우기가 쉽다. 그중에 어떤 정보는 여러 가지 의미로 해석될 소지가 있다. 따라서 우리가 원하는 결론으로 청중을 이끌어갈 만한 유용한 정보를 선별해야 한다.

그런 다음 우리가 했던 말을 간결하게 요약한다.

10. 요점 명시

첫 번째 주제인 사형 제도의 효과로 돌아간다.

> "우리가 살펴본 자료에서 사형 제도는 범죄 억제에 아무 효과가 없다는 사실을 명백하게 추론해낼 수 있습니다. 사형 제도는 억제 효과가 전혀 없습니다."

11. 요점 명시

두 번째 주제인 도덕성으로 돌아간다.

> "사형 제도가 비도덕적이라는 사실을 시인하도록 사형 제도를 둘러싼 우리의 행동과 수치심을 살펴보아야 합니다."

12. 요점 명시

> "사형수 중에 무죄로 판명된 사람들의 숫자는 이 시스템이 오류를 범하기 쉽다는 합리적인 의심 그 이상을 보여 줍니다."

13. 약속 재확인

> "사형 제도는 효과가 없고, 비도덕적이며, 무고한 생명을 죽일 위험

이 있습니다. 그러므로 사형 제도가 허용되어서는 안 된다는 주장에 여러분이 동의하시리라 확신합니다."

14. 지시

"그래서 저는 여러분에게 사형 제도를 폐지하고 중죄를 처벌하는 데 더욱 효과적이고 도덕적이며 안전한 제도를 도입할 것을 주장하는 캠페인에 참여해 주실 것을 요청드립니다. 여러분의 주지사에게 편지를 써주십시오."

이제 감사의 말을 전하고 질문을 받을 차례다.
나는 일부러 이론이 분분한 사형 제도에 관한 주제를 골랐다. 역시나 청중의 질문 중에는 위의 주장에 강하게 반대하는 견해가 있다. 그 견해를 펼치는 데 다이아몬드 구조를 어떻게 활용할 수 있는지 살펴보자.

다음 페이지에 있는 도형은 위의 견해를 반박하기 위한 다이아몬드다.

1. 정비 – 앞과 같음.

2. 유인 장치

마찬가지로 노트북을 이용해 시무룩한 여자아이의 사진을 보여 주고 그 아이를 소개한다.

"샐리 앤을 소개하겠습니다. 샐리 앤은 잭슨(Jackson)에서 어머니와 함께 살고 있습니다. 아버지는 죽었습니다."

1. 정비

2. 샐리 앤의 사진

3. 당신은 사형 제도를 지지할 것이다.

4. 재범

5. 일반인들의 피해

6. 가족들을 위한 감정 정리

7.
재범률 관련 사실과 수치

교도소에서 저지르는 폭력
범죄 관련 사실과 수치

8.
징역 비용
살인자를 살려두기 위해
정부와 납세자가 얼마나
많은 비용을 치르는가?

소송과 항소에 얼마나 많은
비용을 쓰는가?

그 돈을 다른 용도로 쓴다면
어떻게 쓸 수 있는가?

9.
희생자 가족의 권리는
무엇인가?

정부는 희생자의 유족이
가족을 잃은 상처를
극복하도록 어떻게
도와줘야 하는가?

죄에 응당한 처벌을 해야
한다.

10. 사회에 주는 위험

11. 부당하게 비싼 비용

12. 감정 정리

13. 사형 제도는 흉악범들에게
도덕적으로나 법적으로 정당하다.

14. 우리의 캠페인을
지지해 달라.

"샐리 앤의 아버지는 총기 사건의 희생자였습니다. 범인은 로버트 제트라는 유죄 판결을 받은 살인마였습니다. 사건 당시 그는 가석방 상태였습니다."

"여기 계신 분 중 누가 샐리 앤에게 왜 이런 일이 일어났는지 설명해 주시겠습니까?"

3. 약속

"이 주는 사형 제도에 반신반의하는 경향이 많습니다. 하지만 이 발표에서 내용을 살펴보고 나면 비록 사형 제도가 유감스럽기는 하지만 사법 체계에 꼭 필요한 부분이라는 데 동의하시리라고 확신합니다."

4. 주제

"우리가 고려해 봐야 할 이슈는 세 가지가 있습니다. 첫째, 재범률을 보겠습니다. 살인자들을 우리 사회로 돌려보내면 어떤 일이 일어날 수 있을까요?"

5. 주제

"둘째, 살인자들이 살아 있는 동안 먹여 주고 재워 주는 데 들어가는 막대한 비용과 비실용성을 살펴보려고 합니다."

6. 주제

"마지막으로 희생자들의 가족이 겪는 고통은 오직 가해자를 사형에 처하는 방법을 통해서만 종지부를 찍을 수 있습니다. 그래서 이를 위한 필요성을 살펴보려고 합니다."

7. 내용

첫 번째 주제로 돌아가서 석방된 범죄자들이 살인을 포함해 추가 범죄를 얼마나 자주 저지르는지 보여 주는 그래프와 통계를 살펴본다. 그리고 교도관과 동료 수감자들이 살인자에게 자주 공격받는다는 사실을 보여 주는 수치를 살펴본다.

이를 통해 살인자들은 재범을 저지를 가능성이 높다는 주장을 내세운다.

8. 내용

재정적인 측면의 함의를 심층적으로 살펴본다. 살인자를 살려두기 위해 정부와 납세자가 얼마나 많은 비용을 치르는가? 명백한 유죄 판결인 경우 항소를 위해 정부와 납세자가 얼마나 많은 비용을 치르는가?

그 돈을 범죄 예방이나 희생자 지원을 위해 쓰는 것이 더 낫지 않을까?

9. 내용

희생자 가족들의 권리는 무엇인가? 남겨진 가족들에게 폭력 범죄가 미치는 영향을 극적으로 보여 주는 통계들을 살펴볼 수 있다.

또 비록 감옥에 수감된 상태이긴 하지만 유죄 판결을 받은 살인자가 희생자에게서 앗아간 삶을 누릴 권리에 대해서도 문제를 제기할 수 있다. 죄를 저지른 사람이 아직 살아서 가석방을 기대한다는 것을 알고도 희생자 가족이 고통에서 벗어날 수 있을까?

10. 요점 명시

"유죄 살인자들이 사형을 피하게 해주는 것은 우리 사회와 교도관, 심지어 동료 수감자들에게도 지극히 위험한 일입니다. 이들은 재범 가능성이 매우 높습니다."

11. 요점 명시

"죄인을 평생 구금해두는 데는 정당화할 수 없을 만큼 많은 비용이 들어갑니다. 항소 비용도 마찬가지입니다. 그 돈은 다른 곳에 더 유용하게 쓸 수 있습니다."

12. 요점 명시

"희생자 가족은 고통에서 벗어날 권리가 있습니다. 이것은 단순한 복수가 아닙니다. 가해자가 죄에 응당한 죗값을 치렀다는 것을 알아야 비로소 고통을 극복할 수 있습니다."

13. 약속 재확인

"우리 사회의 이익을 위해 사형 제도는 분명히 필요하고 법적으로 정당한 범위에서 사형 제도를 계속 활용해야 합니다."

14. 지시

"저는 여러분에게 사형 제도를 유지하기 위한 우리 캠페인에 합류하여 주지사에게 편지를 써주실 것을 당부합니다."

질문 시간

나는 사형 제도에 대해 로비를 하거나 반대하려는 것이 아니다. 다만 어느 쪽이든 상관없이 다이아몬드 구조로 설득력 있는 구조를 만들 수 있다는 사실을 보여 주려는 것뿐이다.
이 밖에도 다이아몬드 구조는 두 가지의 큰 장점이 더 있다.

다이아몬드 구조를 만들면 구조를 흔들거나 또는 그 안에서 위치를 잃지 않으면서 프레젠테이션을 확대하거나 연장할 수 있다.

첫째, 다이아몬드 구조는 DNA와 같은 역할을 하여 그것의 크기에 상관없이 프레젠테이션이 변질되거나 원래의 모양과 형태를 잃지 않게 해준다.
둘째, 익숙해지면 빨리 활용할 수 있고 즉석 프레젠테이션에도 아주 유용하다.
다이아몬드 구조를 활용하면 다음 세 가지 주제에 관한 프레젠테이션을 얼마나 빨리 쓸 수 있는지 직접 아주 기본적인 다이아몬드를 만들어 보라. 주제 하나당 하위 주제는 각 두 개씩만 정한다.

> **1. 전국 전력 계통망보다 태양열 발전을 사용하는 것의 경제적 이점**
> **2. 운동을 하는 데 헬스클럽에 가는 것보다 수영을 하는 것의 이점**
> **3. 스낵 종류보다 과일을 먹는 것의 이점**

이번 장에서 모두 세 가지 사례를 주제로 살펴보았다.

3은 마법의 숫자다. 프레젠테이션은 대체로 세 부분으로 구성되며, 대부분의 훌륭한 이야기나 모든 할리우드 영화도 마찬가지로 3으로 나눠진다. 우리의 인생 자체도 일종의 3막극이라 할 수 있다.

하지만 이야기를 풀어나가는 구조가 복잡한 주장이라면 하위 주제가 네 개 정도는 필요할 것이다. 이례적으로 다섯 개가 필요할 때도 있지만 되도록 그런 경우는 피하라. 정보 덩어리가 네 개를 넘으면 청중에게 부담이 되고 집중하기가 어려워진다.

청중의 주의 집중 시간을 유지하고 확대하는 가장 좋은 방법은 시각적인 보조 도구를 적절히 활용하는 것이다. 그림 하나가 천 마디 말의 가치를 지닌다는 걸 인정한다면 적절한 그림을 선택하는 데 신경을 써야 한다.

시각 보조 도구

발표에서 가장 중요한 시각 도구는 바로 당신이다.

청중은 도표나 화이트보드 따위를 읽으러 오는 것이 아니다. 그들이 현장을 직접 찾은 것은 상호작용을 통해 자신에게 필요한 생각이나 정보를 얻기 위함이다. 그리고 그 쇼의 주인공은 바로 당신이다. 그러므로 지나치게 소도구에 의존하는 것은 피해야 한다.

시각 보조 도구는 말 그대로 그냥 보조 도구이며 당신을 돕는 하나의 수단일 뿐이다. 만약 보조 도구가 당신을 대신할 수 있다면 미팅을 취소하고 청중에게 이메일만 보내도 될 것이다.

여기서 80대 20의 법칙이 적용된다. 청중의 시간과 주의력의 80퍼센트는 당신에게 붙들어두고 나머지 20퍼센트만 보조 도구에 맡기는 것이다. 그 이상은 안 된다. 시각 보조 도구의 비중이 너무 커지면 청중은 주의가 흐트러지고 당신의 통제권에서 벗어날 것이다.

적절한 시각 보조 도구를 선택하는 것이 얼마나 중요한지는 아무리 강조해도 지나치지 않다.

우리는 감각 경험(청각, 시각, 운동감각)을 통해 정보를 흡수한다. 약 40퍼센트는 귀로, 40퍼센트는 눈으로, 그리고 20퍼센트는 몸으로 받아들인다. 따라서 청중에게 전뇌 학습 경험을 제공하고 싶다면 적절한 시각 자극이 필요하다. 여기서 나는 '적절한'을 강조하고자 한다. 모든 형태의 정보와 마찬가지로 시각 보조 도구 역시 득이 되는 것이 아니라면 해가 되기 때문이다.
시각 도구를 적절하게만 선택하면 두 가지 중요한 목적(설명과 기억)을 달성할 수 있다.

그림은 우리가 주장하고자 하는 요점을 설명함으로써 추상적인 생각을 시각화하도록 돕는다. 종종 말로는 주의를 끌기 어려운 생각이 이미지로는 잘 전달되는 경우가 있다. 또한 이미지는 마음속에 각인된다. 이처럼 시각 보조 도구는 내용을 설명해 줄 뿐만 아니라 청중의 기억을 돕는 역할을 한다.

다음 페이지의 도표는 시각 보조 도구가 프레젠테이션에 대한 기억을 3일 동안 연장시켜 주는 데 효과가 있음을 보여 준다.

이 막대 차트는 흥미로운 사실을 알려 준다. 당신이 지금 어떤 사람들을 대상으로 프레젠테이션하고 있다고 가정해 보자. 청중은 프레젠테이션이 끝난 후 당신이 제안한 내용을 검토하려 다시 모일 예정이다. 만약 발표가 끝난 직후 모인다면 청중은 당신의 말을 적어도 70퍼센트는 기억할 것이다(시각 보조 도구가 있다면 85퍼센트로 올라간다). 하지만 사정이 있어 일정을 3일 뒤로 미룬다면 곤란해진다. 만약 사용했던 시각 도구가 부적절했다면 3일 뒤 청중은 프레젠테이션의 10퍼센트밖에 기억하지 못할 것이다. 그런 상황에서 그들이 당신의 지침을 따를 가능성은 희박하다.

요지는 바로 이것이다. 시각 재료를 활용할 기회가 있다면 충분히 활용하라.

단 '파워포인트에 숨어 있는 위험'을 조심하라.

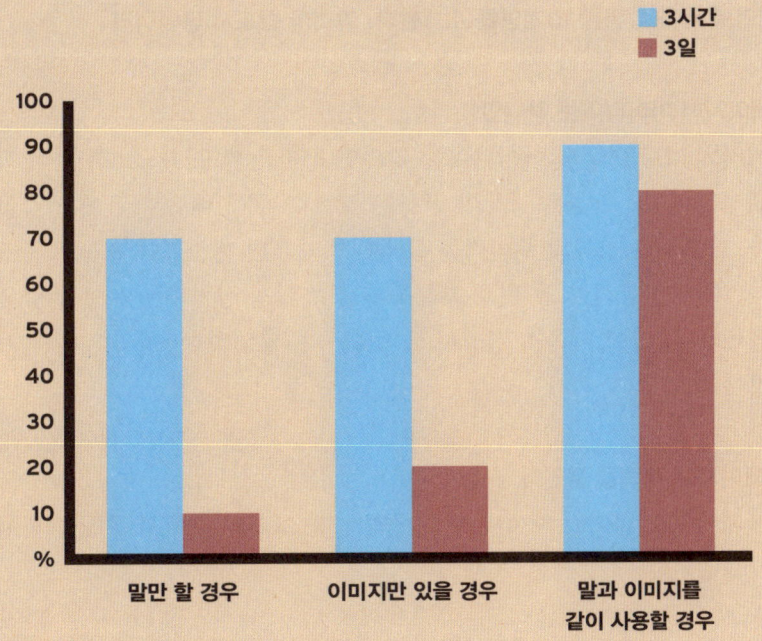

파워포인트

파워포인트는 요즘 시각적인 프레젠테이션을 위해 사람들이 가장 많이 사용하는 도구가 되었다. 정확한 통계는 모르겠지만, 기억해 보면 내가 참석한 프레젠테이션의 90퍼센트 이상은 파워포인트로 만들어진 것 같다.

파워포인트는 훌륭한 도구지만 그만큼 위험하기도 하다. 척 보면 알 수 있어 사용하기 쉽지만 최선의 사용법이란 존재하지 않는다. 게다가 이것은 그저 수단에 불과하다. 그러므로 그 속에 담는 메시지는 당신이 만들어야 한다.

그 규칙을 만들어 보자.

파워포인트 사용을 위한 10계명을 소개한다. 이것을 반드시 명심하라.

1. 한 페이지에 아이디어는 하나만!

한 페이지에 하나 이상의 아이디어를 넣으면 청중은 발표 속도보다 먼저 자료를 읽을 것이다. 그들은 당신이 말하는 것보다 두세 배는 빠르게 생각할 수 있다. 발표자가 청중의 주의력을 통제하지 않으면 청중보다 한참 뒤처지고 만다. 게다가 당신이 첫 번째 부분을 조심스럽게 설명하는 동안 청중은 그 다음에 무슨 말이 나올지 열심히 생각하느라 (당연히) 당신의 말을 듣지 않을 것이다.

2. 각 페이지에 제목을 붙인다.

새로운 페이지로 넘어갈 때마다 먼저 청중에게 그 페이지에서 무엇을 얻어야 할지 말해 주어라("그들에게 무슨 말을 할 것인지 말하라"). 제목은 메시지를 소개하고 청중의 기억을 돕는 효과적인 수단이다.

3. 축약한다.

완성된 문장을 쓰지 말자. 그러면 청중은 읽기만 할 뿐 듣지 않는다. 대신 당신이 주장하고자 하는 요점에 발판 역할을 해줄 핵심 요지를 활용하라. 그리고 6×6 원칙을 적용해 한 페이지에 여섯 줄, 한 줄에 여섯 단어를 넘기지 않도록 한다.

4. 반드시 관련된 내용만 넣는다.

관련 정보만 넣어라. 당신이 알고 있는 정보가 아니라 청중이 알아야 할 정보만 포함시켜라. 여기에 스프레드시트를 넣는 것은 되도록 피하라. 스프레드에는 복잡한 정보가 담겨 있고 대부분은 전달하려는 메시지를 산만하게 하므로 관련된 수치만 뽑아내는 게 좋다. 청중이 기억하기 쉽도록 통계를 상세히 설명하는 것도 좋지만 항상 정확성을 유지해야 한다. 특히 열

한 페이지에 아이디어는 하나만!

각 페이지에 제목을 붙인다.

축약한다.

반드시 관련된 내용만 넣는다.

**인용문과 진술문은
완성된 문장을 쓴다.**

**여러 가지 정보는 한꺼번에
드러내지 말고 하나씩 보여 준다.**

미적인 일관성을 유지한다.

아이콘이나 이미지를 활용한다.

불필요하게 현란한 타이핑은 피한다.

대안을 준비한다.

심히 경청하던 청중이 발견한 잘못된 숫자 하나로 발표자의 신뢰가 한순간에 무너질 수 있다. 또 숫자만으로 주장을 뒷받침하려 들지 말라. 그러면 청중은 당신이 뭔가 속이려 한다고 의심할 것이다. 적절한 상황에 숫자를 활용하고 당신의 주장에 배치되는 사실이 있더라도 숨기지 말고 언급하라.

5. 인용문과 진술문은 완성된 문장을 쓴다.

인용문이나 진술문을 쓰려면 완성된 문장으로 써라. 그것을 청중이 직접 읽도록 할지 당신이 읽어 줄지 미리 결정해서 말해 주어라. 단 사전에 아무 말없이 무작정 읽지는 말라. 당신이 소리 내어 읽는 속도는 청중이 눈으로 읽는 속도를 따라잡을 수 없으므로 미리 말해두지 않으면 청중의 주의를 통제하지 못한다. 결국 청중이 이미 읽은 내용을 의미 없이 반복하는 셈이 되고 당신의 말은 청중이 문장의 의미를 음미하는 데 방해만 된다.

인용문과 진술문을 페이지의 제목으로 붙이는 것도 좋은 생각이다. 내용을 곧바로 드러내 주기 때문이다. 문장의 출처를 밝히는 것도 잊지 말라. 출처는 메시지의 권위를 다시 한 번 강화시켜 준다.

6. 여러 가지 정보는 한꺼번에 드러내지 말고 하나씩 보여 준다.

하나의 주제나 생각에 대해 여러 주장을 할 생각이라면 파워포인트의 애니메이션 기능이 유용하다. 마우스를 클릭할 때마다 한 줄씩 화면에 나타나 청중이 당신보다 앞서가는 것을 막을 수 있다. 이 기능은 투명지를 사용하는 오버헤드 프로젝터로 발표하며 종이로 내용을 가리고 하나씩 보여 주는 것보다 훨씬 효율적이다. 과거 그런 식의 발표에서 나는 항상 답답함을 느꼈다. 게다가 종이로 가려진 것이 과연 무엇일지 생각하는 데 온통 주의를 빼앗겨 프레젠테이션에 제대로 집중하지 못했다.

7. 미적인 일관성을 유지한다.

프레젠테이션을 꾸미는 것은 그래픽 아티스트가 아니라도 얼마든지 할 수 있다. 이때 꼭 지켜야 할 규칙 두 가지가 있다. 어수선함을 피하고 일관성을 갖추는 것.

파워포인트 프레젠테이션은 단순한 서식을 사용하라. 글자 크기와 글씨체는 두 가지(한 가지는 제목에, 한 가지는 본문에) 이상 쓰지 않는다. 색깔 수 역시 최소로 하고 일관되게 적용한다. 내용은 모든 페이지에서 같은 눈금 안에 넣고 같은 색깔로 쓰는 것이 가장 보기에 좋다. 그림은 지정된 부분에만 배치하라. 일관성은 두 가지를 가능하게 해준다. 혼란을 최소화하고, 발표자가 자료를 완벽하게 장악하고 있다는 것을 보여 준다.

8. 아이콘과 이미지를 활용한다.

말은 이미지가 아니다. 우리는 흔히 글자를 확대하거나 튀는 색깔을 넣어 이미지화하지만 별 효과는 없다. 말과 이미지가 분명히 다르기 때문이다. 고양이 사진을 보면서 머릿속으로 C, A, T라는 문자를 떠올리는 사람은 없지 않은가? 이미지는 말과 달리 즉각적이다. 일부러 애매하게 꾸민 이미지는 해석이 필요할 수도 있지만 그런 것을 제외하고는 대부분 곧바로 알아볼 수 있다. 그림의 의미가 즉각 떠오르기 때문이다. 그래서 이미지는 프레젠테이션에서 강력한 힘을 발휘하고 유용하게 활용될 수 있다.

요즘에는 파워포인트 프레젠테이션에 이미지를 삽입하는 것이 아주 쉽다. JPEG나 MPEG 파일도 다루기 쉽다. 그러나 부디 진부한 표현을 경계하라. 구글(Google)의 이미지 검색은 무료 만화, 그림, 사진을 찾을 수 있는 훌륭한 원천이지만 사람들이 너무 많이 사용하다 보니 식상하기 일쑤다. 호머 심슨의 뇌 X레이 사진을 몇 번이나 봤는지 모르겠다. 또 유튜브(YouTube)가 점차

유행함에 따라 앞으로는 동영상 클립 역시 진부해질 것으로 예상된다.

9. 불필요하게 현란한 타이핑은 피한다.

파워포인트의 단점은 우리로 하여금 과시욕을 부추긴다는 것이다. 프레젠테이션에서 발표 내용이 스크린에 이상한 방식으로 나타나는 것을 흔히 보게 된다. 특히 자주 쓰는 기법 중 하나는 스크린의 왼쪽이나 오른쪽에서 제목을 점점 크게 끌어오는 것이다. 그렇게 해서 대체 어떤 효과를 얻을 수 있을까? 그것은 아무 의미 없는 드라마 장면과 같다. 셰익스피어 연극 무대에 누르면 소리가 나는 쿠션을 놓는 것만큼이나 도움이 안 된다. 물론 확실히 눈에 띄긴 할 것이다. 하지만 그것이 무슨 역할을 하는가? 아무 효과도 없다. 발표 제목이 움직임이나 속도에 관한 것이라면 그런 기법이 적절할 수도 있겠지만, 그런 경우는 거의 없다. 영화계에 이런 말이 있다. "최고의 편집은 절대 눈에 띄지 않는다." 좋은 편집은 관객이 계속 이야기를 따라오게 유도하는 본연의 역할에 집중한 것이다. 프레젠테이션에서의 타이핑도 이와 마찬가지다.

10. 대안을 준비한다.

파워포인트는 유용하지만 하나의 기술일 뿐이다. 실패할 수도 있다. 노트북, 오버헤드 프로젝터, 소프트웨어의 오류는 종종 훌륭한 프레젠테이션을 망치는 지뢰다.

몇 년 전, 나는 프레젠테이션 장비 제품군을 생산, 판매하는 한 전자회사 회의실에서 프레젠테이션을 했다. 그런데 장비가 고장 나자 그들조차도 속수무책이었다.

대비책을 준비해야 한다.

만약 프레젠테이션을 파워포인트로 만들었다면 중요한 페이지는 출력물로 준비해두어라. 혹시 사고가 생기면 복사해서 유인물로 대체할 수 있다. 사실 유인물로 진행하면 사람들이 당신보다 앞서갈 수 있으므로 그리 좋은 방법은 아니지만, 말 그대로 없는 것보다는 낫다. 프레젠테이션 파일은 항상 별도로 USB 하드 드라이브에 저장해두라. 만약 노트북이 고장 나면 재빨리 다른 노트북에 다운로드해 발표를 계속할 수 있다.

무엇보다 프레젠테이션을 시작하기 전에 장비를 꼼꼼히 확인해 보는 것이 좋다. 가능하다면 그 전날 해두자. 그러면 석연치 않을 경우 다른 장비로 — 발표자들의 충실한 친구인 플립 차트나 화이트보드 — 대체할 시간적 여유가 생긴다.
그 장비들에도 파워포인트에 적용되는 규칙 대부분이 똑같이 적용된다. 하지만 플립 차트나 화이트보드에만 해당되는 사항이 있으니 알아두자.

플립 차트와 화이트보드

플립 차트와 화이트보드의 장점은 발표자에게 역동적인 역할을 제공한다는 점이다.

청중이 보는 앞에서 차트를 만들게 되므로 발표자가 속도와 내용을 조절할 수 있다. 또한 노트북 프레젠테이션에서 부족할 수 있는 인간적인 접촉을 더할 수 있다.

몇 가지 주의 사항이 있다.

1. 플립 차트와 화이트보드는 넓은 공간에서는 효과적이지 않다. 그것을 어느 위치에 놓을지도 신경 써야 한다. 발표장 뒤쪽에 앉은 사람들도 차트나 보드에 적힌 내용을 읽을 수 있도록 적당한 높이에 두도록 하라.

2. 색깔에 유의하라. 어떤 사람들은 인공 조명 아래서는 글씨를 잘 읽지 못한다. 특히 빨간색은 대부분의 밝은 색깔처럼 잘 보이지 않을 수 있다. 항상 펜을 챙겨라.

3. 글씨는 모든 청중이 쉽게 읽을 수 있도록 크게 쓴다. 영어라면 대문자로 쓰는 것이 좋다. 그러면 더 또박또박 쓰게 되고 평소 휘갈겨 쓰는 버릇을 버릴 수 있다.

4. 마지막은 플립 차트에만 해당되는 사항이다. 청중 앞에서 복잡한 그림이나 차트를 그릴 계획이라면 작은 속임수를 써라. 해당 페이지에 미리 가느다란 연필 선으로 이미지를 그려두는 것이다. 그러면 발표 시 그 선만 따라 그리면 된다. 파리의 거리 화가처럼 그림 실력을 뽐낼 기회는 없더라도 일단 차트 그리는 일 때문에 발표에 지장이 생기진 않는다.

또한 플립 차트는 다른 매체를 능가하는 고유의 장점이 있다. 바로 생생한 회의록을 만들어 준다는 것. 종이를 떼어내 벽에 붙이는 방법으로 청중의 참여를 유도할 수 있고, 청중이 나중에 그것을 보고 필기할 수도 있다. 요즘에는 복사 기능이 있는 고급 화이트보드도 있다. 하지만 복사기 역시 기술이라는 사실을 잊지 말자. 복사기는 특히 고장이 잘 나기로 악명 높다.

준비한 차트에는 대부분 통계 자료, 동향, 인구 통계 등 시각적인 자료가 들어 있을 것이다. 이러한 작업에 도움이 되는 다양한 표준 양식이 있다. 각 양식의 장단점을 살펴보자.

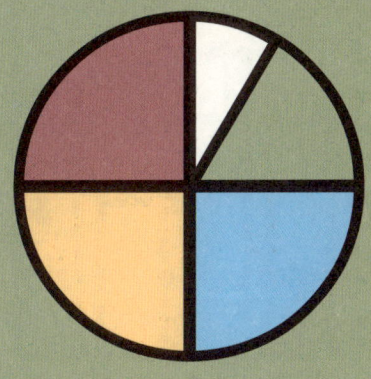

데이터 차트

기본 차트는 다섯 종류가 있다. 이런 기본 차트는 쉽게 그릴 수 있지만 파워포인트를 사용하면 더욱 멋지게 연출할 수 있다.

파이 차트
막대 차트
그래프
상관관계 차트
사분면 매트릭스

파이 차트

파이 차트는 전체가 어떻게 나눠지는지 읽기 쉽다. 색깔로 각 항목을 구분해 전체 안에서 각각의 비중이 어떤지 한눈에 볼 수가 있다. 예를 들어 한 국가의 전체 음식 소비량을 나타낼 때는 육류, 어류, 곡류, 야채 등의 비중을 색깔별로 구분해 보여 주는 파이 차트를 사용하는 것이 적절하다.

단 직접 비교를 하거나 두 가지 주제를 나란히 보여 주고자 할 때는 효과적이지 않다.

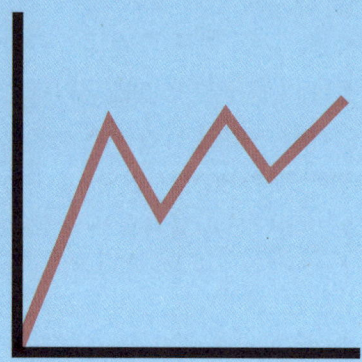

막대 차트

막대 차트는 읽는 방법이 아주 간단
하다. 각 항목 간의 순위를 바로 볼 수
있다. 차트는 두 축으로 이루어지는
데, 한 축은 다양한 항목을 나타내고
다른 한 축은 측정하거나 보여 주려
는 크기를 나타낸다. 어떤 축을 무슨
용도로 쓸지에 관해 정해진 규칙은
없다. 그러므로 막대는 세로 또는 가
로로 마음대로 그릴 수 있다. 그러나
보통은 가로축이 시간을 나타낸다.

그래프

x축과 y축 위에 그려진 선그래프는
아마 데이터를 나타내는 가장 일반
적인 형식일 것이다. 선그래프는 변
동, 동향, 시간과 관련된 사건을 보여
주는 데 가장 효과적이다. 연속적인
변화 과정을 나타낼 때나 변화의 방
향을 표시하는 데 제격이다. 선그래
프의 급하향하는 빨간 선은 현재 곧
닥쳐올 비즈니스 재앙을 상징하는
아이콘이 되었다.

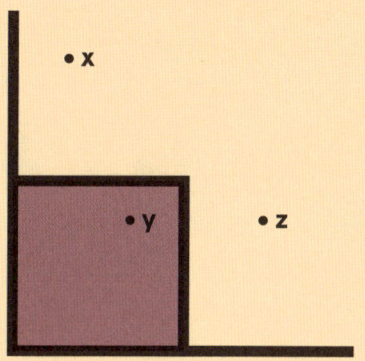

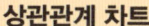

상관관계 차트

상관관계 차트는 금융 분야 프레젠테 이션에 자주 쓰인다. 두 변수 간의 비 교 실적을 보여 주기 때문이다. 위험 대 수익 관점에서 잠재 투자를 검토 할 때 상관관계 차트에 숫자를 찍어 보면 현재 위치를 금세 알 수 있다.

사분면 매트릭스

사분면 매트릭스는 두 변수가 어떻게 상호작용하는지를 보여 주고자 할 때 아주 유용하다. 예를 들어 상표신념 매트릭스에서 한 축은 높은 신념에서 낮은 신념으로 뻗고, 반대로 다른 축 은 높은 사용량에서 낮은 사용량으로 뻗을 수 있다. 사분면 매트릭스는 우 리의 행동을 사분면으로 축소하여 이 범위에서 어떤 소비자 행동이라도 그 릴 수 있게 한다.

정보와 데이터를 보여 주는 다른 양식도 많다. 삼각형은 세 가지 주제의 결합을 보여 주고, 피라미드는 (심리학자 에이브러햄 매슬로우Abraham Maslow가 인간 수요 계층을 표현할 때 사용했던 것처럼) 계층을 표현하기에 좋다. 시계 그래프는 보이는 그대로의 시간과 기간을 나타낸다. 교차하는 원은 (에토스·파토스·로고스에서처럼) 공통점을 나타낸다. 별은 5점 분석에 유리하고, 축척선은 균형과 우위를 표현할 수 있다.

모든 도구에 적용되는 유일한 규칙은 이것뿐이다.

"이미지는 장식이 아니라 소통의 수단이 되어야 한다."

시각적으로 자극적이고 화려한 그래프는 사실 끝없이 이어지는 말 속에서 반가운 휴식 같은 존재다. 그러나 어찌되었든 간에 그래프의 가장 중요한 역할은 프레젠테이션을 '장식'하는 것이 아니라 하고자 하는 말을 보여 주는 것이다.

촉각적·운동감각적 학습 능력을 활용해 3차원 방식으로 표현해도 좋다. 실제로 모델 없이 구조적인 프레젠테이션을 상상하기는 어렵다. 예를 들어 해부학 관련 내용은 직접 해골을 가지고 설명하는 것이 가장 이해하기 쉽지 않은가! 3차원은 전뇌 경험을 더욱 자극한다.

그러나 이런 종류의 도구를 활용할 때는 발표를 잠시 중단하는 것이 좋다. 그렇지 않으면 청중은 온통 도구를 만지는 데만 정신이 팔려 발표에 집중하지 않을 것이다.

요약과 행동 계획

계획 모델의 두 번째 원은 프레젠테이션을 시작할 때 우리가 따라야 할 두 번째 과정을 담고 있다.

이 네 가지 주제에 유의해서 다룬다면 프레젠테이션 목적에 맞는 적절한 정보를 선택할 수 있을 것이다. 또 이해하고 기억하기 쉽게 적절한 시각 보조 도구를 활용하여 정보를 구성할 수 있다.

1. 프레젠테이션에 어떤 내용을 넣을지 선택하기 전에 당신이 이 발표에서 청중에게 주고자 하는 것이 무엇인지, 그 이유가 무엇인지를 먼저 정리하라. 청중의 가슴과 마음에 어떤 변화를 일으키길 원하는가? 당신의 목적은 무엇인가?

2. 목적을 생각하며 적절한 정보를 모으고 불필요한 정보는 과감히 버려라. 그 다음 정보를 사용할 수 있는 단위나 주제별로 모으라.

3. 다이아몬드 구조를 활용하여 정보를 구성하라. 그러면 정보를 따라가기 쉽고 이해하기 쉬우며 기억하기도 쉽다. 다이아몬드 구조를 활용하면 청중이 발표 내용을 더욱 명확하게 이해해 발표자가 자신들에게 요구하는 것이 무엇인지 확실히 알 수 있을 것이다.

4. 프레젠테이션 주제를 명확하게 보여 주는 시각 도구를 개발하라. 시각 도구는 당신이 하고자 하는 말을 뒷받침해 주어야 하며, 도리어 모호하게 해서는 안 된다. 또한 프레젠테이션에 활력을 더해 주면서도 유익한 것이어야 한다.

How:
어떻게 말해야 하는가?

선

워싱턴의 칼럼니스트 로스코 드러먼드(Roscoe Drummond)는 이런 말을 했다. "마음은 이상한 것이다. 마음은 당신이 태어나는 순간부터 활동하기 시작해 대중 앞에 서서 말하는 순간 멈춘다."

누구나 이런 경험이 있을 것이다.

나 역시 수많은 미팅에 참석해 말할 차례를 기다린 경험이 있다. 보통 내 앞 사람이 발표를 마무리할 때쯤 나는 그 사람이 무슨 말을 하는지 전혀 신경 쓰지 않고 노트를 보며 마음속으로 해야 할 말을 연습하기 시작한다. 그때 사실 조금 긴장된다. 손에 땀이 나고 가슴은 쿵쾅거리고 숨이 가빠진다.

믿거나 말거나 이것은 좋은 징조다. 발표를 잘하도록 내 몸이 나에게 준비를 시키는 것이다. 최상의 실력을 발휘하려면 나를 북돋아 줄 아드레날린이 필요하다.

그런데 우리는 두려움과 흥분을 자주 혼동한다. 그 두 가지 감정 모두에서 손에 땀이 나고 가슴이 요동치고 숨이 가빠지고 초조해지는 등 비슷한 생리현상이 나타난다. 이런 흥분이 좋아 평생 극한의 스포츠와 모험을 찾아다니는 사람들도 있다. 그런가 하면 어떤 사람들은 이런 느낌을 절박한 위험의 경고 사인으로 받아들여 움찔한다.

불안은 훌륭한 프레젠테이션을 방해하는 장벽이다. 이를 좀더 자세히 살펴보자.

우리는 사람들 앞에 서서 말할 때 자기 자신을 청중과 분리한다. 비유적으로 말하자면 '선'을 긋는 것이다. 이 선으로 자신과 청중을 나눠버린다. 눈에 보이지는 않지만 분명히 그 선을 느낄 수 있다. 그리고 그 순간, 갑자기 자신이 이제는 그룹의 일원이 아닌 것처럼 느껴지게 된다. 우리는 그들과 직면하고 있는 것이다. 여기서 말하는 '직면'이란 맞선다는 의미다. 친구나 동료들이 마치 처음 보는 사람처럼 갑자기 우리를 판단하는 위치에 있게 된 것이다.

우리는 무엇을 두려워할까?

우리는 잘못될까 봐, 바보처럼 보일까 봐, 그리고 청중을 설득하지 못할까 봐 두려워한다. 또 발표 자료가 제 역할을 해내지 못할까 봐 두려워할지도 모른다.

이런 것들은 엄청난 부담이다. 청중이 혼자 서 있는 나를 주목하고 뚫어져라 쳐다보면서 마음속으로 나를 판단하고 있을 거라는 사실 때문에 부담은 더욱 커진다. 발표 내내 청중이 거의 반응을 보이지 않아 자신이 얼마나 잘하고 있는지 모를 때도 많다. 그렇게 고립된 상태에서는 들리는 건 오로지 자기 목소리뿐이다. 그래서 잘못되거나 부적절하다고 느껴지는 말이 나오면 그것을 아주 심각하게 인식하게 된다.

의심할 여지 없이 대중 연설은 청중과 대면해야 하는 상황이다. 수많은 사람들이 연설을 두려워하는 것도 바로 이 때문이다.
하지만 삶의 수많은 일들과 마찬가지로, 예상은 완전히 통제 가능한 현실보다 훨씬 나쁘다. 우리는 태도와 기술을 조합하기만 하면 된다. 그리고 연습하라.

고대 그리스인들은 긴장의 힘을 믿었다. 그들은 연설자가 이러한 두려움과 직면함으로써 발표 자료를 더 잘 준비하게 된다고 믿었다. 또한 청중과의 사이를 갈라놓는 장벽을 없애고 청중과 소통하며 연결될 수 있다고 생각했다.

그렇다면 신중하게 계획된 프레젠테이션을 어떻게 전달해야 하는지 알아보기 전에 먼저 '선'을 넘는 기술을 살펴보자.

태도

자기 자신이 아닌 발표 자료에 의지한다면 발표에 대한 부담을 많이 덜 수 있다.

적절한 정보를 수집하는 것, 자신의 주장을 뒷받침해 줄 구조 안에서 정보를 정리하는 것을 거듭 강조하는 것도 바로 이 때문이다.

많은 발표자가 말하는 도중에 방향을 잃을 것에 대해 두려워한다. 보통 머릿속이 하얘져서 다음에 무슨 말을 해야 할지 모른 채 청중 앞에 서 있는 끔찍한 장면을 상상한다. 그리고 '방향을 잃는 것'에 대한 수치심과 당혹감을 떨쳐내지 못한다.

이는 심지어 전문 배우나 음악가들에게도 예외가 아니다. 로렌스 올리비에 (Laurence Olivier)는 무대 공포증에 시달리는 것으로 악명 높았으며, 그것 때문에 배우의 삶을 포기하려 하기도 했다. 전에 만난 적 있는 한 피아노 연주자는 TV로 방송되는 자신의 첫 솔로 라이브 연주를 시작하기 전에 카메라 팀과 프로듀서에게 자신이 간질병을 앓고 있다고 말해두었다. 사실 그것은 거짓말이었다. 만약 생방송 중에 '방향을 잃고' 연주가 엉망이 되면 간질 발작이 일어난 척하려 한 것이다. 긴장해서 쓰러졌다고 하는 것보다 그 편이 훨씬 멋있어 보일 거라 생각해 거짓말을 한 것이다. 다행히 그는 무사히 연주를 마쳤고, 그런 과격한 작전은 쓰지 않았다.

다이아몬드 구조를 활용하면 그런 생각과 행동에서 자유로울 수 있다. 프레젠테이션을 하다 위치를 못 잡고 논지의 흐름을 놓치는 일은 결코 일어나지 않기 때문이다. 혹시 주의가 흐트러지더라도 다시 쉽게 방향을 잡아 진행할 수 있다.

이런 사실을 알면 내면에 자신감과 안정감이 생긴다. 준비 단계를 확실하게 해두면 즐겁고 편안한 상태에서 발표에 임할 수 있다.

자신이 청중을 어떻게 바라보는지 아는 것도 중요하다. 청중이 자기보다 우세하다고 생각하면 열등감을 느끼게 되는 건 당연하다. 역사상 가장 뛰어난 대중 연설가 가운데 한 명이었던 윈스턴 처칠(Winston Churchill)은 청중이 발가벗고 있다고 상상했다고 한다. 그렇게 생각하는 것이 서로 공평하다고 여긴 것이다.

청중 가운데 누구라도 당신과 같은 위치에 있다면 똑같이 긴장하고 자신감을 잃을 거라는 사실을 유념하라. 아주 적대적인 미팅이 아니라면 청중은 당신의 처지에 공감하고 당신이 잘 이끌어가길 바랄 것이다. 그들은 당신에게 맞서기보다는 지지해 줄 가능성이 더 높다.

당신이 쇼의 주인공이라 해도 바람직한 자세는 가능하면 자신을 '통로'로 생각하는 것이다. 프레젠테이션의 내용은 당신을 통해 전달될 것이다.

당신은 당신 자신이 훌륭하게 갈고닦은 것을 전달하는 기계 장치다.

청중 앞에서 버티는 데 가장 절실한 것은 자긍심이다. 그와 같은 마음은 스스로 준비를 잘해왔다는 믿음에서 비롯된다.

기술

기술은 긴장을 푸는 데 꼭 필요하다.

당신이 스트레스를 받고 있다는 것을 청중은 자신감 부족으로 이해할 것이다. 그렇게 되면 발표자에 대한 청중의 신뢰도가 떨어지게 된다.

만약 천성적으로 긴장을 잘하는 타입이라면 미팅에 나가기 전에 살짝 이완 운동을 해보라. 무대 공포증에 특히 유용한 운동은 시각화와 호흡 그리고 명상이다.

신경계를 안정시키는 데 잠시 시간을 할애하라. 약 10분 정도 호흡을 제대로 고르면 마음이 안정되는 놀라운 효과가 있다. 심호흡은 신경계에 산소를 공급하고 근육, 특히 목소리에 영향을 줄 수 있는 가슴 부위 근육의 긴장을 풀어 준다.

긍정적인 시각화는 두려움을 재편성하는 방법이다. 10분 동안 눈을 감고 프레젠테이션하는 장면을 상상해 보라. 발표 내용을 어떻게 전달할지 아주 또렷하게 그려 본다. 발표를 아주 잘 해내는 이미지를 떠올리면서 자신을 격려하라. 이때 '난 절대 못해'라는 식의 두려움으로 자신을 억누르지 않도록 한다.

만약 명상법을 배웠다면 이럴 때 활용하라. 명상은 긴장감이 미치지 않는 자기 안의 고요한 중심을 찾아내는 데 아주 효과적이다.

미팅 전에는 목소리를 풀 수 있는 곳을 찾아가 시작 부분을 소리 내서 연습해 보라. 천천히 또박또박 말하는 연습을 하라. 목소리 크기와 높낮이도 조절해 본다. 스스로 자신의 목소리에 익숙해져라. 발표장에서는 당신의 목소리가 가장 중요한 악기와 같다.

만약 청중과 처음 접한다면 미리 발표 장소에 가서 현장감을 느껴 보라. 청중과 상호작용하는 데 도움이 된다. 그러면 서로 간에 장벽이 사라지고 청중은 당신의 말에 귀를 기울이고 싶어 할 것이다. 미팅을 시작하기 전에 잠깐 이야기를 나누는 것도 긴장을 푸는 데 도움이 된다. 그 사이 서로 관계가 형성되기 때문이다.

이렇게 '선'을 넘고 나면 곧 실행의 순간이 올 것이다. 기다림은 끝이 나고 당신은 이제 청중 앞에 선다. 청중은 당신을 쳐다보며 발표를 기다린다. 이 순간의 긴장을 푸는 데 도움이 될 만한 것이 두 가지 있다.

첫째, 발표 전에 누군가가 당신을 소개한다면 그 내용을 통제하라. 같은 팀의 일원이 당신을 소개하든 사회자가 소개하든 그에게 '대본'을 줘라. 이때 좋은 첫인상과 적절한 기대감을 심어 줄 수 있도록 청중에게 알리고 싶은 당신의 모습을 알려 준다. 처음부터 청중에게 잘못된 정보를 알려 줘서 그것을 사과하고 자신을 다시 소개해야 한다면 낭패다. 많은 사람 앞에서 발표하는 자리를 떨지 않고 편안하게 느끼려면 먼저 무대를 제대로 갖춰 놓아야 한다.

둘째, 앞부분에서 조금 긴장된다 싶으면 그 부분을 계속하면서 차츰 긴장을 풀어간다. 어쨌든 절대 서두르지 말라. 생각을 정리할 동안 뭔가 행동을 해야 한다면, 미소를 짓고 물을 한 모금 마셔라(물이 없으면 달라고 요청한다). 그러면 급격하게 분비되던 아드레날린이 다소 가라앉을 것이다. 단 1, 2초 정도, 아주 잠깐 동안 스스로에게 시간을 주라.

이 부분에서 정돈과 유인 장치가 큰 도움이 될 수 있다. 주변을 정돈하면서 장소의 규모나 사람 수에 맞게 목소리를 조절할 수 있다. 만약 앞의 발표자가 어떤 식으로든 정돈을 했다면 이번에는 유인 장치를 통해 청중과 접촉하여 친밀한 관계를 형성하도록 노력한다. 특히 청중에게서 반응을 얻거나 미소, 고개 끄덕임, 웃음을 이끌어내야 할 때 유용하다.

천천히 또박또박 말하는 것을 잊지 말라. 그러면 생각할 시간을 벌 수 있고 자신감이 있어 보인다. 자신감은 쉽게 전달되므로 당신이 자신 있어 보이면 청중도 그것을 충분히 느낄 수 있다.

자신감에 대해 마지막으로 한마디 더 덧붙이자면, 불안을 해결하는 유일하고 가장 강력한 대책은 바로 예행연습이다.

예행연습은 숨어 있는 두려움도 없애 준다. 예행연습을 함으로써 실시간으로 프레젠테이션을 경험하고 어디에 위험 요소가 숨어 있는지도 확인할 수 있다. 또 발표 시간을 잘못 안 것을 깨닫고 수정할 수 있다. 우리는 대개 허용된 발표 시간보다 적게 계산하는 경향이 있다. 발표를 마치고 나서야 그 사실을 알고 청중에게 사과하는 일이 발생하지 않도록 예행연습을 통해 프레젠테이션을 조정하는 것이 좋다.

가끔 예행연습을 하지 않으려는 동료와 함께 일하게 될 때가 있다. 그들은 보통 이런 핑계를 댄다. "전 실전에 더 강해요. 사전 연습 없이 바로 해야 더 잘해요." 이것은 허풍에 불과하다. 그들은 잘 아는 사람들 앞에서 발표자 스타일과 성격으로 자신을 바꾸는 것이 어렵게 느껴져 예행연습을 두려워하는 것이다. 어떤 변명도 받아 주지 말고 끝까지 밀어붙여라. 한 번은 예행연습을 해보지 않아 시간을 초과한 동료 때문에 내 프레젠테이션을 망친 적이 있다. 당신에겐 그런 일이 일어나지 않길 바란다.

심리적인 준비를 제대로 하는 것은 매우 중요하다. 설득력 있는 프레젠테이션을 이끌기 위해서는 마음 상태와 자제심이 필수다. 연구에 따르면, 청중은 세 가지 의사소통 수단을 통해 메시지를 받아들인다고 한다. 말, 목소리, 몸짓 언어다.

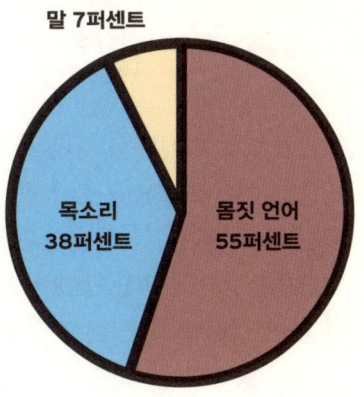

말 7퍼센트

목소리
38퍼센트

몸짓 언어
55퍼센트

오른쪽 그림은 이 세 가지 수단의 상대적인 비중을 보여 준다. 청중은 당신이 하는 말 자체에는 7퍼센트만 의지한다. 38퍼센트는 그 말들을 어떻게 표현하느냐를 살필 것이다. 이 둘을 합쳐도 언어적 의사소통으로 전달하는 인상은 45퍼센트로 채 절반도 되지 않는다.

의사소통의 55퍼센트는 놀랍게도 청중 앞에서 어떻게 보이고 행동하는지에 달렸다.

그래서 청중과 당신 사이의 '선'을 넘고 나서 처음으로 그들 앞에 설 때는 마음을 차분히 하고 생각을 정리해야 한다. 만약 자신의 마음가짐과 발표 내용을 잘 준비했다면 그것을 전달하는 일은 아주 즐겁고 만족스러운 과정이 될 것이다. 프레젠테이션은 열심히 준비한 것들을 완성하는 단계이므로 그 후에는 그저 '이제 끝났다'라고 안도할 것이 아니라 뿌듯한 기분에 도취되어야 한다.

이제 계획 모델의 바깥 고리인 '어떻게'에 이르렀다. 자, 그럼 프레젠테이션을 할 때 당신이 활용할 주요 수단 두 가지, 언어적인 의사소통과 비언어적인 의사소통을 자세히 살펴보자.

언어적인 의사소통

우리는 말로 연설을 하지만 사실상 이미지와 생각과 감정 그리고 감각 경험으로 의사소통을 한다. 연설의 목적은 듣는 사람의 귀를 자극하는 것이 아니다. 우리의 생각과 감정이 전달되도록 상대방의 상상력을 자극하는 것이다. "천 마디 말보다 그림 한 장이 낫다"는 말을 자주 한다. 분명한 사실이다. 예를 들어 1989년 천안문 광장에서의 실패한 학생 혁명을 돌이켜보라. 천 마디 말이 육중한 중국 탱크 앞에 홀로 서서 전진을 막던 작고 연약하고 고독한 시위자의 이미지보다 더 많은 것을 말해 줄 수 있었을까? 그 사진은 당시 어떤 말이나 글보다 훨씬 인상적으로 그 순간의 감정과 정신을 잘 포착했다. 해마다 우리는 세계를 이미지로 기억한다. 12월 말이 되면 대부분의 잡지는 지난 열두 달 동안 잡지에 실린 사진 가운데 최고의 사진들을 다시 인쇄해 그 해를 기념하는 특집 기사로 싣는다. TV 방송국들도 대부분 영상 클립으로 이와 똑같이 프로그램을 방송한다. 이런 이미지들은 지난 일을 생생하게 환기시키며, 지극히 짧은 인식과 기억으로 사건 전체를 다시 경험하게 해준다.

그림 한 장은 실제로 천 마디 말만 한 가치가 있다. 그러나 말 몇 마디만으로 그림을 그릴 수 있다는 사실도 잊지 말자.

이것이 프레젠테이션에서 언어를 효과적으로 사용하는 비법이다.

라디오를 들어 보면 이 말을 실감할 수 있을 것이다. 마셜 맥루한(Marshall McLuhan)은 라디오를 '뜨거운' 매체라고 표현했다. 라디오는 청취자들의 적극적인 참여를 유도하기 때문이다. 다시 말해 빠진 그림을 그려내려는 청취자들의 수요가 그런 참여를 자극한다. 맥루한은 또한 TV를 '차가운' 매체로 보았다. 시청자의 역할이 수동적이기 때문이다. TV가 그림을 제공하면 시청자들은 그저 가만히 물러나 앉아서 쳐다보기만 한다.

이러한 사실을 가장 잘 이해한 사람이 윈스턴 처칠이다. 2차 세계대전 중 영국 국민은 다들 라디오 앞에 모여서 처칠의 든든하고 고무적인 연설에 귀를 기울였고, 처칠은 이런 방송들을 통해 국가의 사기를 유지했다. 처칠의 연설문들을 다시 읽어 보면 그가 마치 그림을 그리듯 연설했다는 것을 알 수 있다. 다음 페이지의 글은 2차 세계대전 중 가장 암울했던 시기에 처칠이 했던 연설에서 발췌한 것이다.

처칠의 연설을 듣고 있노라면 마치 영화를 보는 듯하다. 그는 고무적인 대사 몇 줄로 듣는 사람이 배, 비행기, 상륙용 보트, 해변이나 도시의 거리, 들판, 언덕에서 벌어지는 육박전에서 용기를 얻는 장면을 상상하게 했다. 이 연설은 스티븐 스필버그 감독이 만든 '라이언 일병 구하기'의 눈부신 첫 장면보다 훨씬 상상력을 자극한다.

또한 말은 단순한 시각적 상상력 이상의 것을 자극하며 감각적인 경험을 창조할 수 있다.

우리는 청중이 프레젠테이션의 모든 정보를 흡수하는 과정에서 좌뇌와 우뇌의 능력 모두를 사용하는 전뇌 경험을 체험하길 원한다.

저승사자를 묘사해 보자. 예를 들면 '망토는 지저분하고 입에서 심한 악취가 풍겼다'라고 표현할 수 있다.

또는 달리 이렇게 표현할 수도 있다. '그의 망토는 핏자국과 끝없는 여행의 때로 얼룩져 있었다. 그리고 입에서는 시체 썩는 달콤한 악취가 지독하게 풍겼다.'

둘 다 저승사자를 묘사하는 표현이지만 하나는 시각과 함께 감촉과 냄새도 자극한다.

윈스턴 처칠의 연설을 들어보자.

"우리는 끝까지 계속할 것입니다. 우리는 프랑스에서 싸울 것입니다. 우리는 바다와 대양에서 싸울 것입니다. 우리는 자신감과 힘을 더하여 하늘에서 싸울 것입니다. 우리는 우리의 섬을 지켜낼 것입니다. 어떠한 대가를 치르더라도 우리는 해변에서 싸울 것입니다. 우리는 비행장에서 싸울 것입니다. 우리는 들판에서, 거리에서 싸울 것입니다. 우리는 언덕에서 싸울 것입니다. 우리는 절대 항복하지 않을 것입니다!"

은유, 유추, 이야기

은유와 유추는 말에 생명을 불어넣고 청중의 마음속에 경험을 만들어 주는 수단 이다.

유추는 사물이나 사건과 전혀 상관없는 어떤 것에서 유사점을 끌어내 설명 하는 것이다.

호주의 작가이자 토크쇼 진행자인 클라이브 제임스(Clive James)는 이런 문체 에 천부적인 재능이 있다. 한때 그는 아놀드 슈왈제네거의 몸을 '호두로 꽉 채운 콘돔'으로 표현했다. 벤저민 프랭클린(Benjamin Franklin)도 달변가였다. 그 가 남긴 뛰어난 유추 가운데 하나를 소개한다. "변호사 두 명 사이에 있는 시 골 사람은 고양이 두 마리 사이에 있는 생선이나 마찬가지다."

광고는 항상 이러한 유추를 잘 활용한다. 한 우편배달 회사가 자신들의 서비 스를 "당신의 소포 위에 번쩍이는 파란 빛을 놓는 것이나 다름없다"고 말했 던 광고가 생각난다.
영국의 찰스 왕세자 역시 유추의 힘을 아주 효과적으로 활용했다. 그는 런던 트라팔가 광장의 국립미술관을 증축하자는 제안에 대해 "사랑스럽고 우아 한 친구의 얼굴에 난 끔찍한 종기"라고 표현했다. 이 말은 영국 미디어들의 격분을 일으켰고 현대 건축물의 장점에 대한 격렬한 논쟁에 불을 붙였다.
유추의 미학은 모든 감각을 자극할 수 있다. 우디 앨런(Woody Allen)은 영화 '맨 해튼(Manhattan)'에서 아파트 위층에서 들리는 소음을 가리켜 '트럼펫을 톱으 로 반 토막 내는' 소리라 표현했다. 킹슬리 에이미스(Kingsely Amis)는 그의 책

『운 좋은 짐(Lucky Jim)』에서 숙취를 '밤중에 자는 동안 어떤 작은 생물체가 입으로 기어들어가 볼 일을 본 것 같은 맛'이라고 표현했다.

유추는 대개 놀라운 표현력을 보여 준다. 그래서 인상적이고 효과가 강력하다. 또한 유추는 청중의 경험과 상상력을 자극하고 이를 통해 참여와 활동을 유도한다.

유추를 사용할 때는 진부한 표현을 피하도록 주의해야 한다. 자칫 잘못하면 진부한 표현을 쓰기 쉬운데, 신선한 유추를 찾고 싶다면 구글에서 검색해 보라. 인터넷에 파묻혀 있는 보물을 발견할 것이다. (물론 그중에서도 진부한 표현은 가려내라!)

은유도 이와 비슷하다. 은유는 마치 그림을 그리듯 주제나 메시지를 훨씬 생생한 이미지로 바꿔놓는다.

경쟁이 치열한 비즈니스 세계는 종종 전쟁과 스포츠에 비유된다. 예를 들어 손쉽게 성공했을 때는 '슬램덩크를 꽂는', 심한 경쟁에는 '죽고 죽이는' 등의 표현이 있다.

둘 사이에 공통점만 있다면 거의 모든 활동이 다른 활동에 비유될 수 있다. 최근에 나는 복싱, 레슬링, 무술이 잔인하게 혼합된 세계 최고의 격투 시합(World Ultimate Fighting Competition)에 관한 다큐멘터리를 보았다. 우승자는 '스매싱 기계'로 알려진 사람이었다. 비인간적인 기계의 세상은 무자비하고 냉혹하고 비정한 그 챔피언의 행동을 아주 잘 빗댄 기막힌 은유법이었다. 그는 상대 선수가 꼼짝 못하도록 일단 바닥에 누르고 기계적으로 내려치면서 어떤 생각이나 감정도 드러내지 않았다.

은유와 유추는 추상적인 것을 더욱 구체적으로 표현하는 데 아주 유용하다. 내가 좋아하는 예시 중 필요에 관한 것이 있는데, 1960년대 후반과 1970년대 여성 운동 시기에 인기 있었던 말이다.

"여자가 남자를 원하는 것은 물고기가 자전거를 원하는 것과 같다."

여기서는 비유적 표현에 담겨 있는 불합리성이 오히려 메시지를 강조한다. (여자에게 남자가 꼭 필요하다고 생각하는 것이 얼마나 불합리한가!)

발표 자료를 검토할 때는 형용사와 부사에 유의하며 살펴보라. 형용사와 부사는 상상력을 자극하지 않으므로 게으른 언어 형태라 할 수 있다. 이 두 언어 형태는 단순히 설명만 하게 돼 한정적이다. 따라서 가급적 피하는 것이 좋다.
자신의 의사를 강하게 표현하고 싶다면 가능한 한 은유와 유추를 사용해 청중의 상상력과 감각을 자극하라.

우리는 말로 이야기를 한다. 이야기 구조는 청중을 끌어들여 자신의 주장으로 이끄는 데 아주 효과적인 방법이다. 또한 이야기는 이론이나 생각의 훌륭한 사례를 제공할 수 있다.

이야기가 얼마나 유용한지 이야기를 하나 할까 한다.

얼마 전 나는 창의적인 과정을 설명하고자 창의적인 생각에 관한 워크숍을 열었다. 여기서 우선 이 과정의 다섯 단계를 살펴보고, 영감이란 아서 쾨슬러(Arthur Koestler)가 '두 생각 매트릭스의 교차점'이라고 부르는 것에서 온다고 설명했다. 그리고 계속해서 그 교차점은 주로 임의의 사건이라는 형식에서 비롯된다고 설명했다.

그런데 청중은 하나같이 멍하거나 지루한 표정들이었다.

그래서 나는 이야기를 하나 시작했다. 아르키메데스가 왕관을 녹이지 않고서 어떻게 그것에 포함된 금의 양을 알아냈는지에 관한 이야기였다. 아르키메데스는 욕조에 앉았을 때 물이 넘쳐흐르는 것을 본 순간 문제의 답을 얻었다. 어떻게 그것이 가능했을까? 이는 그의 머릿속에서 두 가지 생각이 충돌하거나 교차한 결과다. 그 하나는 불규칙한 형태인 질량의 부피에 관한 것이고, 다른 하나는 물의 배수량에 관한 것이다. "유레카!"

이 이야기는 다소 무미건조한 이론을 설명하는 데 생동감을 더해 준다. 은유와 마찬가지로, 이야기는 추상적인 생각을 인식할 수 있는 실생활의 경험에 기초해 이해하기 쉽게 도와준다.

대부분 종교에서는 교리를 전파하기 위한 설교 수단으로 이야기를 사용한다. 특정 종교가 신봉하는 믿음을 보여 주는 교훈적인 이야기가 바로 우화다. 이야기의 가치는 이야기 자체가 아니라 그것이 지니는 의미에 있다.

성경에 나오는 보리떡 다섯 개와 물고기 두 마리의 우화는 마술사의 무대 쇼처럼 이야기를 이끌어 나가는 힘은 제한되어 있다. 그러나 그 속에 담긴 의미는 나눔의 필요성과 하나님이 필요를 채워주신다는 믿음에 관한 것이다.

이 원칙은 설득력 있는 프레젠테이션에서 우리가 사용할 수 있는 이야기에도 적용된다. 청중의 주의를 끌려는 것이 목적이라면 이야기는 재미있고 흥미로워야 한다. 하지만 똑같이 중요한 것은 의미를 명확하게 하는 것이다.

앞서 예로 든 아르키메데스가 발가벗은 것도 잊은 채 거리로 뛰쳐나가 "유레카!"를 외치는 이미지는 재미있는 일화다. 하지만 이 이야기가 청중의 주의를 끄는 데 적절하거나 유용한 것은 그 이미지가 '생각의 매트릭스들이 교차하는' 예를 보여 주었기 때문이다.

따라서 이야기를 통해 사례를 들거나 설명을 할 때는 다음의 세 단계를 거쳐야 한다. 이야기의 목적을 설명하고, 이야기를 하고, 그런 후 이야기의 의미를 밝혀야 한다. 이때 절대로 청중이 이야기를 임의적으로 해석하도록 두어선 안 된다. 반드시 당신의 목적에 맞게 의미를 끌어내고 서로 연결시켜 설명하라.

유머

웃음은 훌륭한 연결 도구다.

농담이나 재미있는 이야기는 청중과 발표자를 공통된 경험으로 한데 묶는다. 적절한 농담은 프레젠테이션 초반부터 훌륭한 유인 장치 역할을 한다.

아울러 유머는 좋은 분위기를 만들어 준다. 농담은 청중을 편안하게 하는 동시에 긍정적이고 수용적으로 만드는 효과가 있다.

자기를 낮추는 유머는 특히 청중과 연설자 사이의 벽을 허무는 데 좋다. 사람들은 너무 진지한 사람은 좋아하지 않는 경향이 있다. 그러므로 자기 자신의 결점과 약점을 이용해 농담할 줄 안다면 청중은 당신에게 더욱 친밀감을 느낄 것이다. 물론 상황에 맞는 농담일 경우에 한해서다.

최근 앨 고어(Al Gore)가 TV에 나와 지구 온난화에 대해 연설하는 것을 보았다. 그는 이런 말로 연설을 시작했다. "안녕하십니까? 제 소개를 드리겠습니다. 저는 미국의 차기 대통령이었던 사람입니다." 그의 비꼬는 듯한 말투는 자신의 실패한 이력을 찔러 은근한 재미를 유발했다. 그와 동시에 자신이 이 특정 주제에 대해 이야기할 자격이 있다는 것을 보여 주었다.

웃기는 말은 사람의 마음을 끄는 강력한 힘이 있다. 이야기나 유추에 의지해 감각들을 자극함으로써 청중이 말을 그림처럼 받아들이게 하기 때문이다.

(여기서 언어유희는 예외다. 언어유희는 위와 같은 효과가 없다. 단순히 말을 가지고 노는 것이지 상상력을 자극하지는 않기 때문이다.)

그런데 유머는 썰렁할 수도 있다는 위험이 있다. 심지어 역효과를 낼 수도 있다. 부적절하거나 재미없는 농담을 하면 청중은 불편함을 느낄 것이다. TV 쇼 '오피스(The Office)'는 스스로는 재미있다고 생각하지만 사실은 정말 재미없는 한 남자의 비참한 예를 보여 준다.
그를 보고 있노라면 몹시도 거북하다. 물론 아주 극단적이긴 하지만 설정이 재미있다는 점에서는 탁월한 작품이다. 하지만 슬프게도 현실에서는 그런 일이 일어나지 않는다.

당신의 유머가 프레젠테이션에 도움이 되는 가장 좋은 방법은 예행연습을 해보는 것이다. 즉흥 연기는 세계에서 손꼽히는 수준의 코미디언이나 할 수 있는 것이고, 나머지 대부분은 미리 연습을 한다. 모두들 자신에게 꼭 맞는 소재를 찾아내 반복해서 연습한다. 그래서 그들의 유머가 자연스럽게 들리는 것이다.

그들과 마찬가지로 당신 역시 프레젠테이션 내용과 관련해 청중에게 영감을 주는 웃기는 일화나 농담을 찾길 권한다. 인터넷에는 주제별로 검색해 자기 스타일에 맞는 농담이나 일화를 찾을 수 있는 사이트가 많다.

가장 중요한 것은 유머의 소재들을 스스로 편안하게 느끼는 것이다. 만약 당신이 재미없다면 청중도 마찬가지로 재미없기 마련이다. 또한 코디미언이 말할 때는 재미있지만 당신의 화법이나 태도, 성향에 맞지 않다면 그 농담은 사용하지 않는 것이 좋다. 과유불급이라는 말도 있듯 적당한 유머가 억지 유머보단 나은 법이다.

목소리

우리는 온종일 말을 한다. 그래서 따로 말하는 연습을 해야 할 필요성을 거의 느끼지 못한다. 프레젠테이션을 할 때는 평소와 다른 목소리로 말해야 한다. 그래서 연습을 하지 않으면 적절한 목소리를 제대로 낼 수 없다.

몇 년 전 나는 중요한 배심 재판에서 피고 측을 위해 진술해야 했다. 이를 위해 변호사 집무실에서 몇 시간 동안이나 할 말을 연습했고 자료를 여러 번 검토하며 검사 측에서 제기할 만한 어려운 질문들을 예상해 답변을 준비했다. 재판 당일이 되었을 때는 마침내 온갖 자료들을 속속들이 이해했다. 그러고 나서 자신감 있게 법정에 나섰는데 좀 긴장이 되었다. 그런데 증언을 하기 위해서는 이틀을 법정 바깥에서 기다려야 했다. 법정에 들어가 선서를 하기 전까지 그동안 준비한 진술 내용을 머릿속으로 천 번도 넘게 반복했다.

그럼에도 처음 몇 분간은 그야말로 엉망진창이었다. 내 태도는 성실했지만 배심원들은 분명히 나를 미덥지 않게 생각했을 것이다.
왜 그런 생각이 들었을까? 나는 법정의 규모를 제대로 예측하지 못했다. 집 무실에서 연습할 때는 옆에 있는 사람과 대화하듯이 말했는데, 법정은 천장이 높고 청중과의 거리는 약 10미터였다. 그런 곳에서 내 목소리는 무력하게 공기 중에 떠돌았다. 내가 듣기에도 내 목소리는 힘이 없고 불안하게 들렸으며 심지어 확신이 없는 것처럼 들렸다.

다행히 내가 입정한 지 얼마 지나지 않았을 때 마침 배심원단의 퇴근 시간이 되어 공판은 일찍 휴정되었다. 나는 집에 일찍 들어가 탁 트인 정원에서 새들을 대상으로 다시 진술을 연습했다. 다음 날 아침 내가 법정에서 다시 진술할 때는 확신에 찬 목소리로 청중에게 진술 내용을 명확하게 전달할 수 있었다.

의사소통에서 목소리는 신뢰도의 38퍼센트를 좌우한다.

목소리는 청중에게 신뢰를 주므로 발표장에서 두 번째로 중요한 도구다. (가장 중요한 도구는 마지막에 살펴볼 것이다.)
목소리는 주제에 대한 우리의 '파토스', 열정을 드러낸다. 사람들은 목소리를 들을 때 말뿐 아니라 감정도 듣는다. 그들은 상대가 하는 말에 대한 확신과 믿음의 깊이를 잴 수 있다. 그리고 우리가 믿는 만큼 그들도 믿는다.

목소리는 우리의 감정을 드러낼 뿐만 아니라 청중의 감정을 조절할 수도 있다. 다시 말해, 우리는 목소리로 미팅의 분위기와 품격을 정하고 드라마나 명암, 속도, 강조 효과를 모두 연출할 수 있다.

당신의 목소리에 값비싼 고성능 앰프의 정교한 조절 계기판이 있다고 상상해 보라. 음량, 음색, EQ, 밸런스, 강도, 전원 등. 상황과 공간과 청중 그리고 메시지에 맞게 이 요소들을 조절하는 법을 배워야 한다.

첫 번째로 조절해야 할 요소는 바로 음량이다. 보통 음향 기기에서 음량 조절 버튼이 제일 크듯이 소리의 크기는 의사 전달에 매우 중요하다. 한 공간에 있는 사람들이 모두 귀를 바짝 기울이거나 앞으로 몸을 숙이지 않고도 당신의 목소리를 편안하게 들을 수 있도록 목소리의 크기를 적절히 조절해야 한다. 만약 목소리를 '듣는 데' 신경 써야 한다면 청중은 당신의 말에 온전히 집중할 수 없다.

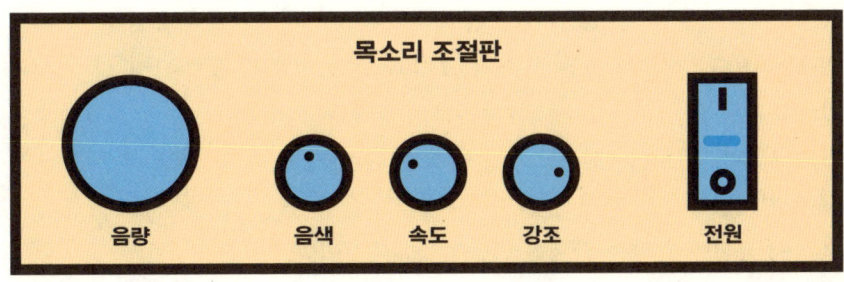

목소리의 크기는 분위기와 품격과 관계를 조절하는 수단이기도 하다. 큰 소리로 말을 하면 자기 주장을 강력하게 내세우고 권위를 드러내 입지를 조금 강화하려는 의도를 드러낸다. 반대로 조용히 말하면 청중을 끌어들여 친밀감과 유대감을 형성할 수 있다.

큰 소리로 말하면 우리가 생각하는 바를 상대에게 말하는 것이고, 조용히 말하면 우리의 생각을 상대와 공유하는 것이다. 이것은 분명히 청중과 다른 관계를 만들어 주므로 의식적으로 조절해야 한다.

이 관계는 프레젠테이션을 하는 도중에 얼마든지 변할 수 있다. 논의의 여지가 없다고 믿는(혹은 그러기를 바라는) 생각이나 정보를 전달할 때는 권위 있게, 큰 소리는 아니어도 단호하고 분명하게 말해야 할 것이다. 그리고 우리의 판단이나 결론을 청중과 공유하려 할 때는 대화하는 듯 친밀감을 주도록 조용히 말해야 할 것이다. 이처럼 목소리의 크기는 발표자와 청중 사이에 감정적인 거리를 조절한다.

목소리의 크기는 또한 청중의 집중력 정도를 조절할 수 있다. 전에 같이 일했던 한 CEO는 프레젠테이션을 하다가 중요한 순간에는 목소리를 조금 낮춰 조용히 말하는 습관이 있었다. 일단 청중의 주의를 끌고 나서 갑자기 목소리를 낮추고 조용히 말하면 그는 프레젠테이션의 분위기를 고요하게 해 청중의 집중력을 끌어올릴 수 있고, 청중이 모두 자신의 말에 완전히 몰입하게 된다는 것을 잘 알고 있었다. 그런 순간에 발표자를 방해할 사람은 아마 없을 것이다. 게다가 그는 목소리 크기를 잘 조절해서 청중이 자신의 말을 알아듣지 못할 정도로 작게 말하는 일은 없었다.

발표 자료를 검토할 때 어느 부분에서 권위 있게 말하고, 어느 부분에서 청중이 친밀감을 느끼도록 말할지 구분하라. 음량 조절을 통해서도 청중과의 사이에 당신이 원하는 관계를 만들 수 있을 것이다.

음성의 높낮이는 더욱 복잡한 변수라 조절하는 것도 더 어렵다. 그리고 대개 감정은 무의식적으로 드러난다. 당황하거나 긴장하거나 괴로워할 때는 어조가 높아지고, 기분이 좀 가라앉으면 반대로 차분해진다. 이 높낮이를 조절하려면 연습이 필요하다. 청중 앞에서 차분하고 자신 있는 모습을 보여 주고 싶다면 횡격막 중앙에서 소리를 내는 연습을 하라. 긴장하면 목소리가 가슴 속으로 슬그머니 기어 들어간다. 그러면 목소리가 주눅 든 것처럼 들려 청중은 당신이 말하는 내용에 확신이 없는 것으로 판단한다.

목소리의 높낮이를 조절하는 데는 이완과 평온한 호흡, 그리고 의식적으로 인식하는 것이 관건이다. 일단 목소리의 '중심을 잡고' 나면 어떤 상황이나 말하는 것을 방해하지 않으면서 자유자재로 목소리의 높낮이를 바꿀 수 있다.

우리는 대개 속도에 주의를 기울이지 않는다. 흔히 긴장하면, 특히 프레젠테이션 시작 부분에서 지나치게 빨리 말하는 경향이 있다. 그러다 시간이 좀 지나면 마음에 평정을 되찾고 말하는 속도도 느려진다. 무의식적인 발성 습관은 이처럼 속도 면에서도 청중에게 우리의 진짜 기분이 어떤지에 대한 단서를 준다. 그러므로 말의 속도 역시 능숙하게 조절해야 한다.

속도는 통제할 수만 있으면 의사소통에 아주 유용한 수단이 된다. 예를 들어 빠르게 말하면 이야기에 박진감을 더할 수 있다. 한편으로 해당 부분이 그리 깊이 있는 연구는 아니라는 점을 나타내기도 한다. 우리는 보통 빨리 말하면서 내용을 건너뛰는 경향이 있기 때문이다.

이와 반대로 천천히 말하면 청중에게 현재 논의 중인 내용이 깊이 분석할 가치가 있으며 아주 진지하게 다뤄야 한다는 인상을 줄 수 있다.

이처럼 속도는 프레젠테이션에 다양성, 다시 말하면 명암을 더해 주어 자칫 기계적이고 지루한 리듬으로 흐를 수 있는 상황을 피하게 해준다. 또 말하는 속도의 변화는 청중의 집중과 참여를 촉진하는 역할도 한다.

음량이나 높낮이와 마찬가지로 속도 역시 목적과 관련이 있다. 이 세 가지를 의식적으로 인식하면 이야기 도중 말의 중점을 어디에 둘지 조절할 수 있게 된다.

윈스턴 처칠은 강조의 대가였다. 그가 직접 손으로 쓰거나 또는 타자한 연설 노트를 보면 자신이 연설에서 말하려는 요점이 잘 전달되도록 단어들을 시각적으로 배치했다는 것을 알 수 있다. 어떤 단어에는 밑줄을 그어놓고, 어떤 글자는 대문자로 썼으며, 어구가 어떻게 흘러갈지 보여 주기 위해 가끔 단계를 나누기도 했다(의회 도서관 웹사이트를 검색해 보면 처칠이 어떻게 강조했는지 잘 보여 주는 사례가 있다).

강조는 정보를 더 잘 기억하게 하는 효과적인 방법이다. 어떤 프레젠테이션에서든 강조는 청중이 기억할 수 있거나 원하는 것보다 더 많은 것을, 예를 들면 더 많은 데이터나 사상, 아이디어를 제공한다. 중점을 조절한다는 것은 곧 청중이 기억해야 할 것을 당신이 조절하는 것이다. 지금까지 살펴보았듯이 이는 비단 프레젠테이션의 구조뿐만 아니라 목소리에도 좌우된다.

우리의 음성 조절 화면에는 보통 사용하기를 망설이는 버튼 하나가 있다. 바로 전원 버튼, '침묵'이다. 사실 침묵은 청중의 주의를 집중시키는 데 아주 강력한 도구다.
그런데 우리는 대개 침묵을 피하려 한다.
아마도 청중을 지루하게 할까 봐 두렵기 때문일 것이다. 대개 아무 말도 하지 않으면 청중이 흥미를 잃고 더이상 자신의 말을 듣지 않을 것이라 생각한다.

침묵은 기대감을 만든다.

침묵은 오히려 청중의 집중력을 강화하고 참여를 촉진한다.

재즈 트럼펫 연주자 마일즈 데이비스(Miles Davis)는 단순히 악보를 연주했을 뿐만 아니라 악보 사이의 침묵까지 연주해냈다.

프레젠테이션 공간에서 자신의 권위를 세우고 싶다면 아무 말도 하지 말아 보라. 아무 말도 하지 않고 서서 청중이 당신에게 집중할 때까지 기다리는 것이다. 청중이 집중할 때까지 당신은 그냥 기다릴 여유가 있다는 것을 보여 줘라. 또한 청중이 모두 들을 준비가 되어 있지 않으면 프레젠테이션을 시작하지 않으리라는 것을 보여줘라.
그리고 프레젠테이션 도중에 청중이 당신의 말을 한 번 더 깊이 생각해 보길 바란다면 그럴 수 있게 침묵하라. 1, 2초 정도 'off' 버튼을 눌러라. 청중을 바라보고 있다 보면 언제 침묵을 끝낼지 적절한 시점을 알 수 있을 것이다.

직장에서 훌륭한 연사들을 살펴보라. 그들이 청중과의 관계를 조절하고자 말뿐만 아니라 침묵을 사용하기도 하는 것을 볼 수 있을 것이다.

마지막으로 안정적인 발성을 위해 목을 푸는 발성 연습을 하거나 입과 입술이 굳어 발음이 어색해지지 않도록 발음 연습을 하는 것도 필요하다.

예를 들면 이런 것이다.

"간장 공장 공장장은 강 공장장이고 된장 공장 공장장은 장 공장장이다."

"내가 그린 기린 그림은 긴 기린 그림이고 네가 그린 기린 그림은 안 긴

기린 그림이다."

개인적으로 나는 이런 문장들이 무척 어렵다. 그래서 자신감을 키워 주기보다는 오히려 저하시킨다. 나는 이 연습을 한 번에 통과한 적이 없다.

구글에서 '발음 연습'을 치면 백만 개 이상의 관련 정보들이 쏟아질 것이다. 그중 대부분은 가수들을 위한 것이지만 이를 통해 조절 능력을 기르는 호흡과 높낮이 기술을 익힐 수 있다.
나는 개인적으로 그냥 미리 연습하는 것을 선호한다. 발표할 장소와 유사한 공간을 찾아 실제로 발표할 때처럼 시간 제한을 두고 적절한 목소리로 미리 프레젠테이션을 해본다. 이때는 중간에 일부 생략하거나 대충 빨리 지나가지 말고 당신의 발표를 보고 듣고 비판해 줄 사람 앞에서 실전처럼 제대로 해야 한다.

당일 아침에는 프레젠테이션의 일부분을 다시 검토하고 예행연습에서 요점을 명확하게 전달했던 장면을 떠올리며 반복해 본다. 이를 통해 입술, 혀, 목청을 미리 풀 수 있을 것이다.

비언어적인 의사소통

UCLA의 심리학 교수 앨버트 메라비안(Albert Mehrabian)이 발표한 연구 결과에 따르면, 우리의 말이나 목소리가 아닌 다른 부분, 즉 우리가 어떻게 움직이고 보이느냐가 전체 의사소통에서 자그마치 55퍼센트의 비중을 차지한다고 한다.

우리 몸은 외부로 신호와 메시지를 보낸다.
계속해서 우리는 무의식적으로 그렇게 행동한다.

그러나 사실 우리는 이 언어를 완전히 이해하지 못한다. 예를 들어, 두 사람이 만날 때 눈썹을 치켜 올리는 것은 상대방에게 공격성을 느끼지 않는다는 의미다. 이러한 사실을 발견한 것은 불과 100년 전이다. 태초에 조상들이 탄생했을 때부터 우리는 그 단순한 메시지를 주고받아왔다. 하지만 결코 의식적으로 그런 것은 아니다.

최근 몇 년 동안 데즈먼드 모리스(Desmond Morris)와 같은 과학자들의 연구가 이 행동을 인식하게 되는 데 큰 공헌을 했다. 우리는 모순을 인식하면 의심을 품거나 신뢰하지 않는다. 무엇을 믿어야 할지, 언제 무슨 일이 일어날지 확신할 순 없지만 우리는 본능을 따른다. 말을 무시하고 신체 언어에 귀를 기울이는 것이다.
따라서 우리는 반드시 신체를 통해 우리의 말이나 목소리에 담긴 메시지를 표현하고 재확인해야 한다. 그러기 위해선 서 있는 자세와 위치, 동작, 얼굴 표정, 눈 동작, 무의식적인 습관, 옷, 외모에 관해 학습해야 한다.

정지 자세

청중 앞에서 편안하게 가만히 서 있을 수 있어야 한다. 평정은 감정적인 면에서 자신감과 차분함, 확신 등 아주 긍정적인 점을 보여 준다. 실질적인 면에서 우리는 질문을 듣거나 발표에 대한 청중의 반응을 기다릴 때 가만히 서 있어야 한다.

가만히 서 있는 것은 의외로 무척 어렵다. 그래서 많은 사람이 손으로 특별히 할 것이 없으면 손을 어디에 둘지 난감해한다.

10대 시절, 지방의 한 식당에서 서빙 일을 한 적이 있다. 고급 식당에 속하는 그곳의 지배인은 우리에게 할 일이 없으면 꼭 주방 문 바깥에 서 있으라고 했다. 그 자리에 있어야 손님들이 우리를 보고 필요할 때 부를 수 있기 때문이었다.

우리는 보통 두세 명씩 줄지어 서서 우리가 좋아하는 주제인 '팔을 어떻게 할 것인지'에 대해 이야기했다. 그 자리에 그냥 가만히 서 있으면 마치 정육점에 걸린 고깃덩어리처럼 어깨에 걸린 쓸모없는 부속품이 불편하게만 느껴졌다.

마침내 우리는 한 손으로 다른 손을 살짝 감싸 쥐고 팔을 편하게 내리는 것이 가장 자연스러운 자세란 사실을 알아냈다. 발표자식으로 표현하면, 그것은 그림에 보이는 대로 고전적인 '정지 자세'다.

정지 자세의 장점은 자연스럽고 편안하다는 것이다. 또한 이 자세는 아무런 메시지도 보내지 않는다. 그래서 피곤함이나 불안감을 느끼지 않고 그대로 서 있을 수 있다. 한번 시도해 보라. 정확한 자세를 찾는 데는 1~2분쯤 걸릴 것이다. 하지만 일단 자세를 잡고 나면 아주 편안해진다.

다음 그림은 피해야 할 자세들이다. 팔짱을 끼고 서 있는 것은 방어나 의심을 나타낸다. 꽉 쥔 주먹은 좌절하거나 심지어 화가 난 것처럼 보일 수 있다. 국부를 가리는 자세는 극도의 자기 방어를 나타내며, 축구장에서 프리킥을 맞을 때나 적당한 자세다.

일단 정지 자세를 취하면 프레젠테이션 도중 아무것도 하지 않아야 할 때 안심이 될 것이다. 그리고 더는 안절부절못하며 어쩔 줄 몰라 하는 행동을 하지 않을 것이다. 그리고 피터 유스티노프(Peter Ustinov)의 충고를 충실히 따르게 될 것이다.

"아무것도 하지 말고 그냥 가만히 서 있어라!"

'교사 혹은 중재자'

힘의 위치

발표 장소에서 어디에 서 있느냐는 당신과 청중의 관계를 특징짓는다. 맞은 편과 그 다음 두 페이지에 있는 그림은 가장 일반적인 세 가지 위치를 보여 준다.

청중이 이사회 테이블에 빙 둘러앉아 있는 회의실에서 프레젠테이션을 진행한다고 가정하자. 회의실 앞쪽에는 플립 차트나 화이트보드, 그리고 컴퓨터 속의 이미지를 보여 주는 화면이 있다.
왼쪽 페이지의 그림에 보이는 당신은 플립 차트 옆에 서 있고 '발표자의 삼각형'을 유지하고 있다. 그 삼각형은 당신과 청중, 그리고 당신이 쓰고 있는 페이지 사이에 존재하는 것이며 이를 유지하는 것은 매우 중요하다. 이 덕분에 청중에게 등을 보이는 엄청난 실수를 저지르지 않을 수 있다.

이 위치에 있을 때 당신은 '교사 혹은 중재자'가 된다. 이것이 당신의 역할이다. 다시 말해 당신이 이미 알고 있는 것을 청중이 이해하도록 돕는 것이다.

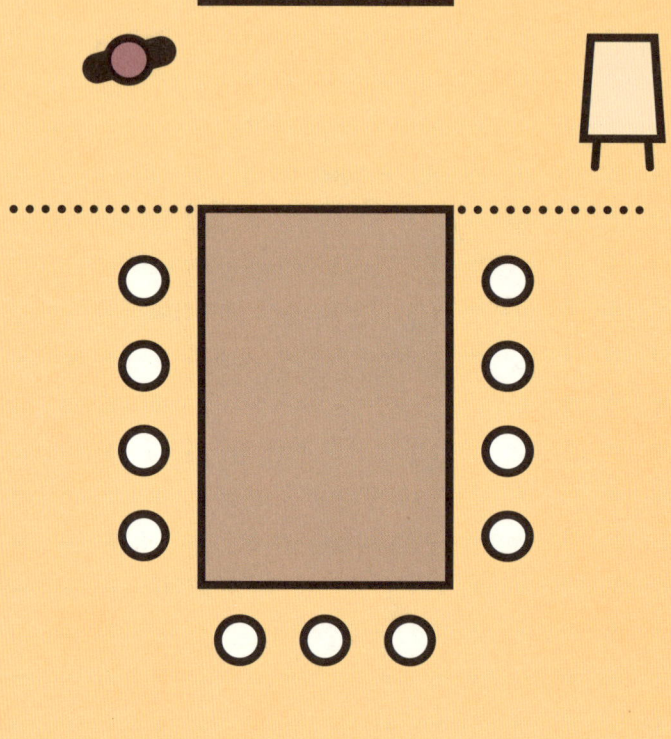

'강사'

위 그림에서 당신은 위치를 옮겼다. 이제는 화면 옆 약간 앞쪽에 서 있다. 이 위치에서 당신의 역할은 '강사'다. (또는 연설대 뒤에 서 있을 수도 있다.) 이 때 당신은 덜 상호적인 방식으로 지식과 지혜를 전달하며, 청중은 주로 듣는 역할로 논쟁에 거의 참여하지 않는다. 이 위치에선 청중에게 등을 보이지 않으면서 화면에 있는 이미지를 가리킬 수 있다.

'코치'

이번 그림에서 당신은 회의실 앞쪽에서 벗어나 청중 가까이에 서 있다. 다시 말해 당신은 청중에게 합류한 셈이다. 이 위치에서 당신은 그 팀의 일원으로 리더나 '코치'격이다. 의사를 전달할 때 청중과 같은 그룹에 있으므로 당신이 사용하는 말은 아마도 '나'에서 '우리'로 바뀔 것이다.

다른 자세도 가능하다. 자리에 앉는 것이다. 물리적으로 청중과 같은 그룹에 들어가 자신과 청중 사이의 구분을 없애는 이 방법은 꽤 효과적일 수 있다. 청중과 공유하고 가까워질 기회가 생기며, 그러다 보면 즉흥적인 반응이 나올 것이다. 그런 즉흥적인 피드백에 개의치 않는다면 이 방법을 사용해 보라.

단 경고할 것이 하나 있다. 좀 작은 그룹일 경우 계속 앉아서 프레젠테이션하는 것을 좋아하는 사람들이 있다. 청중과 물리적, 감정적으로 더 가까워진다는 이유에서다. 물론 틀린 말은 아니지만 그것은 일종의 본능이 아닐까 싶다. 다시 말해, 그런 행동은 대개 청중과 자신 사이에 선을 긋는 데서 생기는 분리 불안을 피하려는 시도일 수 있다.

내 충고는 이렇다. 일어서서 당신이 원하는 역할에 가장 잘 맞는 위치에 서라. 서 있으면 청중이 당신에게 집중하게 되므로 청중의 주의와 관심을 통제할 수 있다.

마지막으로 위치를 옮길 때는 걸어가면서 말하지 말라.

신체 움직임은 공간 안에서 에너지를 만들어낸다. 당신이 회의실 뒤쪽에서 앞쪽에 있는 플립 차트로 이동하거나 또는 교사 역할에서 중재자 역할로 바꾸려 한다면 청중은 당신이 다시 자리를 잡을 때까지 기다릴 것이다. 침묵을 없애려고 그 순간에 꼭 무슨 말을 할 필요는 없다. 오히려 그 순간을 이용하라. 그 순간은 당신이 프레젠테이션을 다시 시작하기 전에 청중이 기대하고 있는 시간이다.

몸짓

프레젠테이션에서 몸짓과 관련한 이슈는 세 가지가 있다. 왜 필요한가? 얼마나 많이 해야 하는가? 어떤 것을 피해야 하는가?

몸짓은 자연스럽게 나오는 것이다. 여러 국가나 문화에서 대화 도중에 차분하거나 현란한 몸짓을 사용해 강조를 표현한다.

몸짓의 정도와 관계없이 **인간은 필요에 따라 신체 움직임을 이용하여 자신의 말을 강조한다.**

전화 통화를 하면서 이런저런 손짓을 하는 사람을 자주 봐왔는가? 손짓은 의사소통의 목적에는 별 도움이 되지 않지만 기초적인 필요는 충족시킨다.

손을 쓰지 않고 어떤 길을 설명해 본다고 가정하자. 손을 호주머니에 넣고 있다 할지라도 "신호등에서 왼쪽으로 가다가 다시 왼쪽으로 가세요"라고 말할 때는 자신도 모르게 머리가 움찔거리거나 어깨가 돌아가거나, 아니면 눈이 옆으로 굴러갈 것이다. 이처럼 본능을 막는 것은 불가능하다.

그러므로 본능을 막으려 하지 말고 지배하라.

몸짓은 여러 유용한 목적에 도움이 된다. 우리는 몸짓으로 의견을 더 강력하게 주장하고 어떤 형상이나 행동을 묘사할 수 있다. 또 크기와 속도를 전달할 수도 있다. 몸짓은 우리가 말할 때 시각적인 구두점이 되어 주므로 극적인 효과를 내는 데 사용되기도 한다. 뿐만 아니라 몸짓은 청중의 참여를 유도하거나 막기도 한다. 이처럼 몸짓은 다양한 목적으로 쓰이고 있으며 표현 효과가 아주 뛰어나다.

프레젠테이션을 할 때 몸짓을 얼마나 많이 사용할 것인가는 중요한 문제다. 이에 대한 답은 당신과 청중 그리고 환경, 세 가지에 달렸다.

몸짓은 자연스럽게 보여야 한다. 그렇지 않으면 어색해서 청중도 당사자도 모두 불편하게 느껴질 것이다. 게다가 청중은 그런 당신의 태도를 가식적이라고 여겨 못미더워 할 것이다. 따라서 제일 규칙은 자신에게 맞지 않는 몸짓은 하지 않는 것이다. 청중은 그 다음이다.

청중의 특징, 그리고 당신이 그들과 맺고자 하는 관계의 특징에 따라 어떤 몸짓을 하고 어떤 몸짓을 하지 말아야 하는지가 결정된다.

큰 몸짓은 강하고 자기 주장이 강해 보이는 반면, 작은 몸짓은 약하고 자신감과 어조가 약해 보인다.

손바닥을 펴고 팔을 구부리면 청중을 받아들이고 함께하고 싶다는 신체적 메시지를 내보내 그들의 질문과 참여를 유도하는 효과가 있다. 반대로 팔을 쭉 펴면 그들을 밀어내는 셈이 된다.

발표 장소의 규모에 따라 몸짓의 크기도 달라진다. 이는 아주 단순한 이치다. 장소가 클수록, 청중이 많을수록 몸짓을 크게 해야 한다. 목소리의 크기를 조절할 때와 똑같은 원리다.

얼굴 표정

청중은 발표자의 신체가 보내는 정보를 무의식적으로 흡수한다. 발표 시간 중 대부분은 발표자의 얼굴을 보는데, 이는 청중이 그동안 그의 얼굴을 '읽고' 있는 것이다. 그들은 당신이 발표 내용과 발표에 대해 어떻게 생각하는지, 또 자신들에 대해서는 어떻게 생각하는지 궁금해한다.

얼굴 표정이 아주 풍부한 사람들이 있다. 의문이 있을 때는 양쪽 눈썹을, 의심이 들 때는 한쪽 눈썹을 치켜 올리고, 불신을 표시할 때는 두 눈을 감고 얼굴을 찌푸린다. 이 밖에도 많은 표정을 보여 준다. 표정이 풍부하다는 것은 좋은 현상이다. 그렇게 함으로써 말하려는 요점을 효과적으로 표현하고 사람들의 마음을 쉽게 끌 수 있다.
표현력이 부족하다면 다음을 꼭 기억하기 바란다. 청중을 친구처럼 대하고 적절할 때 웃으라는 것이다. 당신이 마음속 걱정 때문에 눈살을 찌푸리면 청중도 덩달아 걱정한다. 청중이 당신을 거울로 삼을 것이란 점을 명심하라.

눈 맞추기

눈을 맞추는 것은 비언어적 의사소통에서 가장 중요한 몸짓이다.

당신이 상대를 똑바로 쳐다보는 것은 그 사람에게 직접 말하고 있다는 뜻이다. 당신의 의도가 그 장소에 있는 모든 사람에게 직접 이야기하는 것이라면 모든 사람을 고르게 쳐다봐야 한다. 다시 말해 계속해서 청중을 유심히 바라보는 습관을 길러야 한다는 의미다.

내 친구 한 명은 미국에서 성공한 변호사다. 그 일을 하면서 몇 년이 지나는 동안 그는 배심원 열두 명 모두와 눈으로 마음을 통하게 하는 것이 필요하다는 걸 깨달았다. 재판 첫날 그는 앞에 나서서 말을 하는 동안 배심원단 한 명 한 명을 번갈아가며 (단, 몇 초씩만) 똑바로 쳐다보았다.

그렇게 하다 보면 재판 진행 중 닫힌 배심원실 문 뒤의 핵심 인력과 의사 결정자가 누구인지 본능적으로 알아채게 된다. 그는 눈맞춤을 통해 이 사실을 느낄 수 있다고 했다. 그리고 나중에 사건의 요지를 진술하는 중요한 변론을 할 때는 그 의사 결정자들과 눈을 특별히 좀더 오래 마주치면서 그들에게 자기 주장을 호소했다. 친구는 눈맞춤을 이용한 의사소통 능력 덕분에 자신이 성공했고, 또 한편으로는 자기 주장과 발표에 대해 귀중한 피드백을 얻을 수 있다고 말했다.

직접적인 눈 맞추기는 정직함과 개방성을 나타낸다. 시선을 피하는 것은 대개 무언가 숨길 것이 있다는 뜻이다. 그러면 상대방에게 '정직하지 않아' 보인다.

이것이 잘 안 된다면 오직 연습만이 해답이다. 연습할 때는 우선 방을 느린 속도로 찬찬히 둘러보라. 만약 들어주는 청중이 있다면 당신이 시선을 골고루 주고 있는지 물어보라. 흔히 핵심 의사 결정자를 알아보고 나면 나머지 사람들을 무시하는 실수를 범하기 쉽다. 특히 긍정적인 반응을 얻고 있다고 느낄수록 더욱 그렇다.

몇 년 전 중요한 긴 회의에서 시작 부분의 소개를 놓친 적이 있다. 회의 중반부에 발언하기로 예정되어 있어서 시간에 맞춰 회의 도중에 도착한 것이다. 당시 내 임무는 우리가 기획한 광고의 스토리보드를 설명하는 것이었다. 프레젠테이션을 하는 내내 한 고객이 격려하듯 웃어 주기에 나는 온통 그녀에게 주의를 집중했다.

프레젠테이션을 마치고 나서 나는 분명히 좋은 인상을 남겼다고 확신했다. 실제로도 그렇긴 했지만 불행히도 내가 집중한 그 고객은 아직 만난 적 없는 우리 에이전시의 신입 사원이었다. 나는 정작 미팅 내내 진짜 고객을 완전히 무시한 것이다.

이 일을 통해 나는 두 가지 교훈을 얻었다. 청중 한 사람도 빠짐없이 모두 살피라는 것, 그리고 그 장소에 누가 있는지 꼭 파악하라는 것이다.

무의식적인 습관

우리는 정신적으로 긴장할 때 육체적으로 더 활동적인 경향이 있다. 몸을 꼼지락거리거나, 얼굴을 찌푸리거나, 옷자락을 잡아당기거나, 재킷 팔 부분에 보이지 않는 먼지를 털거나, 왔다갔다 하거나, 손으로 머리를 쓸어 넘기는 등 무의식적인 버릇은 많다.

자신이 긴장하면 어떤 모습을 보이는지 알아보는 가장 좋은 방법은 자신의 모습을 비디오로 녹화해 연구하는 것이다. 어쩌면 그것을 보는 것이 두려울 지도 모른다. 하지만 나는 두 가지를 확신한다. 첫째, 당신은 자신이 생각하는 것처럼 그렇게 형편없어 보이지는 않을 것이다. 둘째, 자신이 무의식적으로 하는 버릇이 얼마나 많은지 알고 깜짝 놀랄 것이다.

무의식적인 버릇 중에는 공연히 정신만 산만하게 해서 당장 그만둬야 할 것들이 많다. 예를 들면 주머니 안에 든 동전을 짤랑거린다거나 손으로 펜을 딸깍거린다거나, 머리를 긁적인다거나 계속 목을 가다듬는다거나, 안경을 닦고 또 닦는다거나 하는 행동들이다. 이런 행동들을 의식해야 한다. 그리고 마음을 편안히 하고 가능한 한 그런 행동을 자제해야 한다.

어떤 버릇은 오히려 초점을 더 흐리고 잘못된 메시지를 전달하기도 한다. 팔짱을 끼는 것은 방어적으로, 집게손가락이나 손에 있는 물건으로 사람이나 사물을 가리키는 것은 공격적으로 보인다. 그리고 빠르게 눈을 깜박이는 것은 놀라거나 당황한 것처럼 보이고, 눈을 비비는 것은 의심이나 의욕 상실을, 뒷목을 비비는 것은 좌절을 나타낸다.
이와 달리 유쾌하고 매력적으로 보이는 버릇도 있다. 아래턱을 쓰다듬거나 고개를 기울이면 생각과 사려가 깊어 보일 수 있고, 손을 얼굴에 대는 동작은 개방성과 협력정신을 나타낸다.
버릇은 사람에 따라 다른 의미를 나타내기도 한다. 여기에서 비결은 자신의 버릇을 파악하고 의식적으로 그 행동을 통제할 수단을 찾는 것이다.

카메라의 차가운 시선을 대면하는 것이 어렵다면 친구나 동료에게 당신의 프레젠테이션을 보고 무의식적인 버릇을 짚어 달라고 요청해 보라. 이 방법이 스스로 확인하는 것만큼 효과적이라고 생각하지는 않지만, 그래도 귀중한 통찰을 줄 것이다. 그럴 때는 당신이 좋아하고 신뢰하는 사람을 선택하는 것이 좋다.

복장과 외모

비즈니스 문화에는 복장 규정이 있다. 그러한 규정을 잘 관찰하고 가능하면 지키는 것이 좋다.

나는 직장 생활 대부분을 광고 에이전시의 기획부서에서 보냈다. 그러면서 옷을 제대로 입을 줄 모르는 사람으로 낙인찍혀버렸다. 일반적으로 '창의적인' 사람들은 옷과 외모에 있어서는 기존 체제를 거스르는 것이 허용된다. 사실은 그렇게 하도록 부추김을 받는다. 그동안 얼마나 높은 사람이든지 간에, 어떤 미팅에서나 가장 자유로운 복장을 한 사람은 나였다. 어떤 VIP 고객들은 그런 내 모습을 보고 오히려 안심하는 것 같기도 했다.

하지만 당신이 그런 것을 좋아하지 않는다면 단순한 규칙을 따를 것을 권한다.

그 회의실에서 옷을 잘 입은 사람만큼 잘 갖춰 입어라.

외모를 보고 사람을 판단한다는 것은 틀림없는 사실이다. 만약 당신이 사람들에게 남기고 싶은 특별한 인상이 있다면 그에 맞게 일관된 스타일로 옷을 입어라. 그렇지 않으면 그냥 규칙을 따르라. 그러면 사람들은 중립적인 반응으로 당신을 대해 줄 것이다. 또 어느 한쪽으로 치우치게 평가하지 않고 프레젠테이션 수준에 근거해 당신을 평가할 것이다. 이는 전적으로 당신의 손에 달렸다.

요약과 행동 계획

계획 모델의 바깥 원은 프레젠테이션을 준비할 경우 따라야 할 최종 과정을 담고 있다.
전달할 핵심은 딱 두 가지다.

1. 언어적인 의사소통
당신의 파토스(주제에 대한 열정)를 전달하는 효과적인 수단으로 목소리를 이용하라.
다양한 속도와 높낮이, 크기의 목소리를 이용해 회의 분위기를 조절하라.

이미지로 이야기하라. 말을 이용해 청중의 감각적인 상상력을 자극하라. 이때 유추, 은유, 이야기, 사례를 활용하라.
적절한 유머를 이용해 청중을 프레젠테이션에 참여시키고 편안함을 느끼게 하라.

2. 비언어적인 의사소통

자신의 신체 언어를 의식적으로 인식해 그것을 통제하거나, 또는 당신의 메시지를 강조하는 데 이용하라.

'정지 자세'를 개발해내고 몸짓과 얼굴 표정, 눈 동작, 무의식적인 습관, 복장, 외모에 신경 쓰라.

마지막으로 긴장을 풀고 불안을 없애는 법을 배워라.

이 방법은 프레젠테이션을 더욱 설득력 있게 할 뿐만 아니라 두려움을 없애 프레젠테이션을 즐길 수 있도록 해줄 것이다.

결론

도로시 리즈(Dorothy Lees)는 자신의 책『파워스피크(Powerspeak)』에서 다른 사람들
의 연설이나 프레젠테이션에서 흔히 발견되는 결점 여섯 가지를 열거했다.

그 결점들은 다음과 같다.

  1. 명확하지 않은 목적
  2. 명확한 조직과 리더십의 부재
  3. 너무 많은 정보
  4. 아이디어와 개념에 대한 불충분한 근거
  5. 단조로운 목소리와 조잡한 말솜씨
  6. 청중의 진정한 수요를 충족시키지 못함

프레젠테이션을 준비할 때 계획 모델의 '누가, 무엇을, 어떻게'를 활용하면
그러한 문제들을 모두 피할 수 있을 것이다.

'누가'를 주의 깊게 연구하면 '청중의 진정한 수요'를 이해할 수 있다. 또한
청중이 선호하는 의사소통 방식을 파악하고 자신이 선호하는 방식도 알 수
있을 것이다. 그러면 청중의 사고방식에 맞춤으로써 6번의 실수를 피할 수
있다.

안쪽 원의 '무엇'은 명확하게 정의된 목적을 두고 그 목적을 뒷받침하는 데 필요한 정보만 선별하도록 해줄 것이다. 그런 다음 그 정보들은 이해하기 쉽고 기억하기 쉬우며 설득력이 있도록 다이아몬드 구조에 들어갈 것이다. 그렇게 하면 1, 2, 3, 4번 문제가 해결된다.

계획 모델의 맨 바깥 원 '어떻게'를 연습하면 5번 문제를 피할 수 있다. 다시 말해, 당신의 목소리가 단조롭거나 연설이 조잡해지지 않을 것이다. 또한 상상력과 감각을 자극하는 언어를 사용할 것이고 그것은 청중의 전뇌를 자극할 것이다. 당신의 몸짓과 움직임은 당신의 모든 말을 입증하고 강화하는 메시지를 내보낼 것이다.

만일 지금까지 설명한 것들이 배울 것도 많고 할 것도 많은 것처럼 들린다면 이것이 단지 과정일 뿐이라는 점을 기억하라. 가운데에서 시작해 바깥 쪽으로 넓혀 나가라.

그리고 연습하라.

부동산의 세 가지 법칙은 위치, 위치, 또 위치다.

설득력 있는 프레젠테이션의 세 가지 법칙은 연습, 연습, 또 연습이다.

만약 내용을 충실하게 잘 정리하고 적절한 시각 도구를 준비했다면, 그리고 철저하게 연습했다면 청중 모두가 즐길 수 있는 프레젠테이션을 선사하게 될 것이다.

또한 당신은 긴장할 일도 없을 것이다. 오히려 신이 날 것이다.

6 디그리스(6 Degrees) 존 보일(John Boyle)의 연구에 감사한다. 이 책은 그의 워크숍 교육과 설득의 원리에 근거하여 쓴 것이다. 이 책의 모델들은 전부 존의 연구 성과이며, 자료를 종합하는 것을 도와준 데 대해 진심으로 존에게 감사한다.

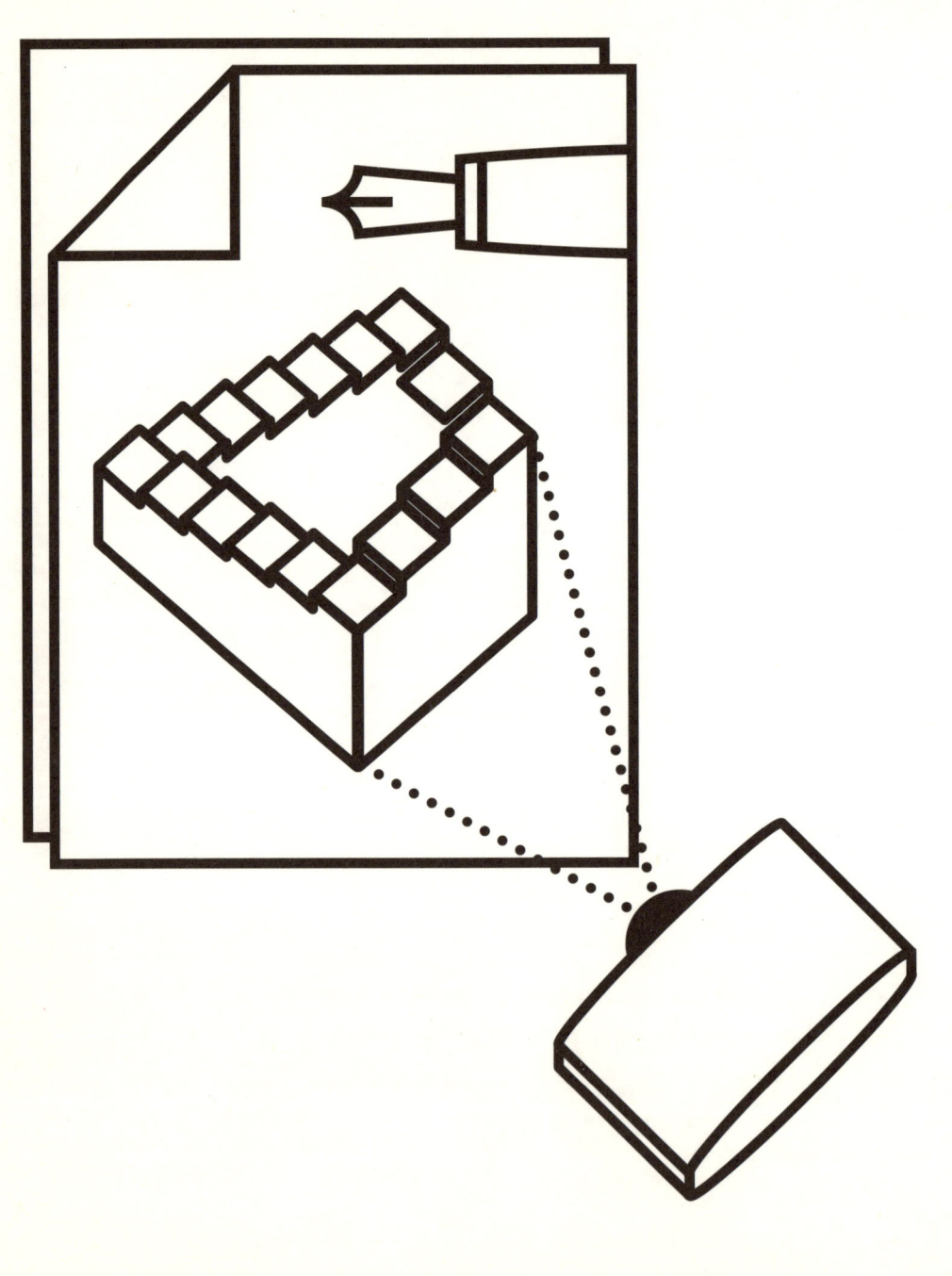

창조적인 비즈니스를 위한 3권의 바이블

CEO의 프레젠테이션엔 뭔가 비밀이 있다

1판 1쇄 펴낸날 2009년 8월 15일

지은이	닉 사우터
옮긴이	신금옥

펴낸이	이영혜
펴낸곳	디자인하우스
	서울시 중구 장충동2가 162-1 태광빌딩
	우편번호 100-855 / 중앙우체국 사서함 2532
대표전화	(02)2275-6151
영업부직통	(02)2263-6900
팩시밀리	(02)2275-7884, 7885
홈페이지	www.design.co.kr
등록	1977년 8월 19일, 제2-208호

편집장	진용주
편집팀	김은주, 장다운
디자인팀	김희정
영업부	공철우, 윤창수, 정윤성, 백규항, 이용범, 고세진
제작부	황태영, 이성훈, 변재연
인쇄	(주)중앙문화인쇄

디자인	이기준
교정교열	Bbook

isbn	978-89-7041-994-7
	978-89-7041-524-6 (세트)
값	12,000원

지은이에 대하여   닉 사우터(Nick Souter)는 창의적 비즈니스 업계에서 평생을
          몸담았다. J. 월터 톰슨(Walter Thompson)사에 아트 디렉터
          (art director)로 합류하기 전까지 그래픽 디자이너 겸
          사진작가로 강의했다. 그러나 곧 자신이 사진이나 그림보다
          언어에 더 재능이 있다는 것을 깨닫고 카피라이터로
          변모했다. 그후 레오 버넷(Leo Burnett)사로 이직하여 런던
          지사의 크리에이티브 디렉터 자리에 올랐다. 1993년에는
          레오 버넷 교도(Leo Burnett-Kyodo)의 총괄 크리에이티브
          디렉터가 되어 도쿄로 자리를 옮겼다. 1997년에는
          레오 버넷 호주 지사의 총괄 크리에이티브 디렉터가 되었고,
          2004년에는 회장 자리에 올랐다. 닉은 현재 6 디그리즈
          (6 Degrees)의 일원으로 활동하고 있다.

6 디그리즈(6 Degrees)   6 디그리즈란 교육, 컨설팅, 프로모션 활동을 통해
          비즈니스에 종사하는 사람들이 생각의 폭을 넓히고 더욱
          설득력 있게 의사소통할 수 있도록 도와주는 전문가
          집단을 말한다.

옮긴이에 대하여   신금옥은 한국외국어대학교 중국어학과를 졸업하고,
          한국소프트웨어진흥원에서 수출 지원 및 시장 분석
          업무를 담당하였고, 북경 지사에서 한국 기업들의 현지
          시장 진출 지원 업무도 담당했다. 현재 번역 에이전시
          엔터스코리아에서 출판 기획 및 전문 번역가로도 활동하고
          있다. 옮긴 책으로는 《차이나 로드》, 《바이오인포매틱스》,
          《인간경영》, 《중국에 투자하라》 등이 있다.